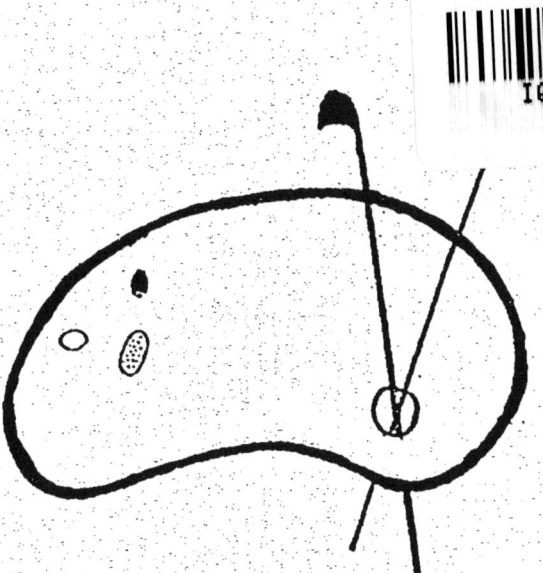

DEBUT D'UNE SERIE DE DOCUMENTS
EN COULEUR

APERÇU
D'UNE
NOUVELLE LOGIQUE

PAR

L. FOUCOU

3ᵐᵉ PARTIE

Comparaison de la logique et de l'algèbre.
Système de Boole. — Sa généralisation.
Géométrie. — Les connexions.
Expressions graphiques des connexions et transformations.
Séries intégrantes.
Problèmes des communications.
Opérations immanentes et transcendantes.
Les formes fondamentales logiques et mathématiques.
Le schème universel.
L'instrument universel géométrique.
La machine logique. — Grandeur de la logique.
La matière, l'esprit, la civilisation.

PARIS
IMPRIMERIE ADOLPHE REIFF
9, PLACE DU COLLÈGE DE FRANCE, 9

1879

PARIS. — IMP. A. REIFF, 9, PLACE DU COLLÈGE DE FRANCE.

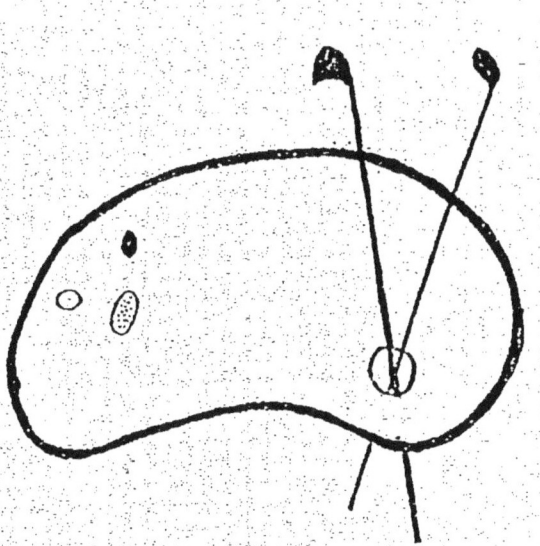

FIN D'UNE SÉRIE DE DOCUMENTS
EN COULEUR

APERÇU
D'UNE NOUVELLE LOGIQUE

APERÇU
D'UNE
NOUVELLE LOGIQUE

PAR

L. FOUCOU

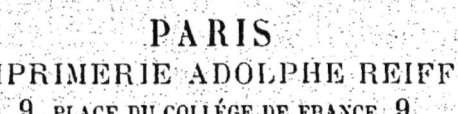

3ᵐᵉ Partie

Comparaison de la logique et de l'algèbre.
Système de Boole. — Sa généralisation.
Géométrie. — Les connexions.
Expressions graphiques des connexions et transformations.
Séries intégrantes.
Problèmes des communications.
Opérations immanentes et transcendantes.
Les formes fondamentales logiques et mathématiques.
Le schême universel.
L'instrument universel géométrique.
La machine logique. — Grandeur de la logique.
La matière, l'esprit, la civilisation.

PARIS
IMPRIMERIE ADOLPHE REIFF
9, PLACE DU COLLÉGE DE FRANCE, 9

1879

APERÇU
D'UNE
NOUVELLE LOGIQUE

IIIe PARTIE
LOGIQUE SYNTHÉTIQUE

CHAPITRE PREMIER
COMPARAISON DE LA LOGIQUE ET DE L'ALGÈBRE

Pour bien comprendre la logique, il y a lieu de la comparer aux mathématiques, afin de saisir leur unité, et de s'élever à des vues supérieures.

Les mathématiques sont subordonnées à la logique. La logique les fonde, leur vient souvent en aide, et les dépasse. Nous allons appliquer aux mathématiques les lois logiques que nous avons reconnues, puis chercher les principes que les mathématiques donnent à la logique elle-même. C'est là un exemple de la méthode de synthèse.

Nous venons de rencontrer la théorie des cycles suppressibles. Voyons comment cette méthode s'applique à l'algèbre, au calcul différentiel et intégral, et à ce propos nous rapprocherons la syllogistique du calcul intégral.

On a d'abord en algèbre des formules telles que $a - a = o$ (c'est bien là un cycle suppressible), qui nous donne ce que l'on peut nommer des fonctions indéterminées de o ; elles emploient l'addition et la soustraction.

Pour la multiplication on a $o \, a \, b \, e = o$. C'est ceci un produit assimilé à un cycle suppressible, puisqu'il égale o.

Pour la puissance on a $\dfrac{a}{a} = 1 = a^0$.

Ici de plus o nous mène à 1, nouveau terme qui, on le sait, joue un si grand rôle. Les fonctions de o nous mènent à l'unité. Nous aurons donc les fonctions de l'unité, très-nombreuses et très-importantes, comme nous verrons. La fonction ci-dessus est une fonction indéterminée de 0 et de l'unité.

Les fonctions déterminées sont celles où n'entrent pas des lettres. La fonction déterminée de 0 et 1 nous donnent l'infini que le signe ∞ désigne.

Nous avons

$$\dfrac{1}{0} = \infty \text{ ou } 1 = \infty \, o.$$

Ou encore la proportion

$$0 : 1 :: 1 : \infty,$$

fonction synthétique déterminée reliant l'infini, zéro et un, ces trois pivots des mathématiques. Or ces trois pivots ne sont que des formes des trois catégories premières, la collection (somme indéfinie), la dépendance (unité type, mesure), et la négation (le rien). Seulement l'ordre des catégories, résultant des opérations algébriques, est inverse de l'ordre logique.

Nous avons les fonctions de 0, celles de l'unité, et celles de l'infini; mais ces fonctions ne sont pas isolées; elles tiennent, comme on voit, les unes aux autres.

Les fonctions indéterminées de 0 permettent de simplifier les équations, de les augmenter des termes qu'on veut, et de leur donner la forme cyclique.

Simplification.

$$a = c + (d-d) = c$$
$$(d-d)\,bc = o\,bc = o$$

Augmentation.

$$a = b$$
$$a + (d-d) = b \text{ d'où } a + d = b + d$$
$$o\,ab = o \quad o\,abc = o$$

Nous avons vu comment l'équation prend la forme du cycle égal à o.

On pose

$$F\,x = (x-a)(x-b)(x-c)$$

Chacun des facteurs est une différence cyclique. Si x devient égal à l'une des constantes, la différence cyclique s'évanouit, le cycle se forme, la fonction devient égale à o. Ces constantes sont donc les racines de l'équation ; leur nombre égale le degré de l'équation, comme on sait. La théorie de l'élimination dans l'équation à plusieurs inconnues met le rôle des cycles suppressibles en évidence.

Ces éliminations se font par des procédés analogues à ceux qu'on emploie pour les syllogismes. On a ainsi la comparaison et la substitution.

La troisième méthode, méthode de réduction, n'est autre que celle des cycles suppressibles. On forme des cycles où les coefficients des inconnues à éliminer se trouvent englobés, ces cycles égaux à o se suppriment et l'élimination est opérée. De là naissent les déterminants, ces formes qui jouent un rôle de plus en plus grand, dans les hautes mathématiques. Ces formes, qui paraissent si complexes au premier abord, se justifient dans leurs moindres détails par la considération de ces cycles ; d'ailleurs la disposition graphique qu'on leur donne simplifie leur étude.

Dans la haute analyse, on opère l'élimination par les fonctions symétriques ; on obtient un produit ayant pour facteur o, ce qui permet d'éliminer.

Avançant dans l'algèbre nous rencontrons les séries indéfinies, nommées simplement *séries*. On n'emploie que les séries convergentes, formées d'un nombre illimité de termes, dont la somme converge vers une certaine quantité. On ne l'a que par approximation ; mais on a un type d'approximation, et on néglige les termes moindres que ce type. L'erreur peut être en plus ou en moins ; la possibilité de plus compense celle du moins.

Il en est de même dans le calcul différentiel. Si l'on développe la fonction $y=fx$ et si l'on veut chercher la limite du rapport de l'accroissement de la fonction à celui de la variable indépendante.

$$\text{Lim.} \frac{\Delta y}{\Delta x} = \frac{dy}{dx}$$

après avoir développé ce rapport en fonction finie, ou en série convergente, on a des termes indépendants de Δx et des termes où Δx est facteur ; on assimile Δx à o.

Parmi les explications si nombreuses qu'on a données du calcul différentiel, se trouve celle de Carnot, qui le ramène à une compensation d'erreurs. Mais évidemment on peut appliquer ici le même principe que pour la série.

Quant au calcul intégral, on n'a pas de principe général. Le principe, s'il existe est extraordinairement difficile à découvrir. On n'a que des procédés.

La méthode générale, peut-on dire, consiste dans l'analyse des fonctions de variables imaginaires.

On divise le calcul intégral en deux parties : le calcul des intégrales définies et indéfinies, et le calcul des équations différentielles. Le deuxième cas est bien plus difficile ; il se rattache au cycle, puisque toute équation se ramène à un cycle ; mais il y a là plusieurs évolutions mêlées : l'évolution des variables selon leurs puissances, l'évolution par dérivation ou intégration, et l'évolution cyclique réglée par l'imaginaire.

Les procédés du calcul des intégrales correspondent à ceux employés pour traiter le syllogisme.

Le principe qui domine ici est que l'intégrale d'une somme de différentielles est égale à la somme des intégrales de ces différentielles. Car l'intégration n'est qu'une sommation.

De là on conclut

$$\int A fx\, dx = A \int fx\, dx$$

C'est la mise en facteur commun. Cela correspond à l'induction.

On a trois principaux procédés analytiques :

Le premier consiste à multiplier et à diviser la différentielle par un facteur constant.

Le deuxième est un changement de variable. On procède par substitution, comme pour le syllogisme.

Le troisième est l'intégration par parties. Ordinairement par ce procédé on obtient une intégrale de même forme que la primitive, où l'opération est abaissée d'un degré.

Cela semble correspondre au procédé des séries réductibles.

Le procédé complexe le plus ordinaire est celui du développement. La fonction est développée en une série convergente que l'on intègre terme à terme.

Cela correspond à la méthode de développement des logiciens anglais, Boole et M. Stanley Jevons.

La fonction se développe au moyen du théorème de Taylor et de la série de Maclaurin. On emploie les séries convergentes, et l'on néglige les termes au-dessous d'une limite donnée d'approximation.

Vient ensuite l'emploi des imaginaires.

C'est, à ce qui nous semble, l'instrument le plus puissant des hautes mathématiques. Puisque l'imaginaire forme un cycle par ses puissances, cela correspond à notre méthode cyclique, surtout si l'on combine le logarithme et le cycle.

La négation donne le premier des cycles. C'est le principe de contradiction, pris non au point de vue statique, mais au point de vue dynamique.

Revenons aux trois pivots mathématiques.

Les fonctions de o semblent régir l'élimination, et la théorie des équations jusqu'au deuxième degré inclusivement.

La géométrie élémentaire, les équations supérieures avec le calcul différentiel, sont aussi gouvernées par les fonctions de o ; mais on y doit joindre les fonctions de l'unité. Elles naissent quand on pose $\frac{a}{a} = 1$. Poursuivant, on obtient les imaginaires, les racines de l'unité, et par combinaison avec un facteur indéfini l'ordre périodique. On peut y rattacher l'évolution circulaire, les directions dans le plan et dans l'espace, les longueurs dirigées prises comme sommes géométriques du réel et de l'imaginaire, la différentielle même, puisque la dérivée n'est que la détermination d'un changement de direction, comme nous l'avons expliqué.

On voit l'immensité de cet ordre de choses; mais le calcul intégral semble échapper à cette conception.

Puisque l'intégrale est une somme, et l'infini la somme indéterminée, illimitée, il se pourrait donc que les fonctions de l'infini jouent ici le premier rôle. Or la première de ces fonctions est la quantité e, base des logarithmes Népériens. $e = \lim \Sigma \left(1 + \dfrac{1}{m}\right)^m$ m croissant indéfiniment.

Cette base est comme le centre des intégrations et des dérivations, puisque sa dérivée et son intégrale sont égales à elle-même. Le logarithme Népérien en dérive, et ce logarithme est une des premières intégrales qui se présentent. Il ne faut pas toutefois considérer seulement le logarithme Népérien, mais le logarithme en général.

Si l'on associe l'idée du logarithme avec celle de l'évolution cyclique, on a les logarithmes imaginaires e^{a+ix} qui donnent les sinus, cosinus et tangentes, ces formes dont le rôle est si grand, surtout dans les applications.

Cela mène à l'emploi des angles et à la géométrie. Or les angles sont les logarithmes des directions. Nous avons donc les logarithmes indéfinis et les logarithmes cycliques associés, mais irréductibles entr'eux. Observons à ce propos que l'algèbre tire sa puissance de l'union des opposés. Ainsi on a :

$a - b$ différence cyclique ou quasi cycle.

$\left.\begin{array}{l}x-a\\a+x\end{array}\right\}$ constante et variable.

$a + b\,i$, réel et imaginaire.

$\Sigma \left(1 + \dfrac{1}{m}\right)^m$ l'un et l'infiniment petit.

$r(\cos \alpha + i \sin \alpha)$ accroissement indéfini et évolution circulaire.

Le logarithme naît de la puissance; en lui la multiplication équivaut à l'addition.

On a $b^a b^c = b^{a+c}$

Les trois opérations directes y sont donc contenues, il en est la synthèse ; par lui naît un nouvel ordre commençant par une nouvelle addition.

Mais toute méthode d'abréviation, (sauf la méthode par suppression) est semblable au logarithme. Le calcul se propose d'atteindre l'indéfini au moyen du fini. Il pose donc des bases a, b, c, puis des systèmes de combinaisons. Or en uniformisant les bases, il n'y a plus qu'à compter les opérations. La base peut être très-complexe, ou même d'abord impossible à déterminer.

Ce compte n'est qu'une sorte d'intégration. La base est comme une différentielle. Les facteurs indéfinis ou cycliques étant uniformisés, il n'y a qu'à les compter.

Cette méthode s'applique aussi à la logique.

Cela est analogue au tempérament en musique, on voit comment la musique, est un reflet de la logique.

On a donc les corrélations qui suivent :

Catégories logiques	Négation	Dépendance	Collection
Formes logiques	o ou rien	ς	Σ
	Terme	Connexion	Tout
Pivots mathématiques	o	1	∞ ou Σ
Opérations	Addition	Multiplication	Puissance
Fonctions	Fonctions de o	Fonctions de l'unité	Fonctions de l'infini.

Les vérités mathématiques peuvent se résumer peut-être en une seule formule qui contient toutes ces opérations et toutes ces lois. Nous ne faisons que l'entrevoir, et probablement la science n'est pas assez avancée pour qu'elle soit complète. Essayons toutefois d'en donner l'idée pour une seule variable.

$$\begin{aligned}
& Fx \\
&= v \text{ variable} \\
&= A_0 x^0 + A_1 x^1 + A_2 X^2 + A_3 X^3 \ldots \\
&= l + \left(\frac{(x-a)^r (x-b)^t (x-c)^t \ldots}{(x-b)^i (x-m)^{ik} (x-n)^l \ldots} \right) \frac{m}{n} \\
&= \int fx \, dx \\
&= E(\cos \alpha + i \sin \alpha) \\
&= e^{x+y} \\
&= e^{x+O_y} \quad (1) \\
&= v^{\Sigma yO}
\end{aligned}$$

Cette formule a sensiblement la forme sphérique ou circulaire. On peut probablement l'augmenter ou en rectifier quelques détails ; nous ne pouvons insister là-dessus.

Système de Boole ; sa généralisation.

Nous renvoyons, quant la connaissance du système de Boole, sinon à l'ouvrage original anglais, du moins aux résumés très bien faits de M. Liard, contenus soit dans la revue philosophique, soit dans le livre des logiciens anglais. Dans notre travail développé nous analysons le système de

---

(1) O_y Logarithme cyclique.

Boole, avec des remarques montrant surtout comment il peut être exprimé au moyen de nos notations. Les résultats, il n'en pouvait être autrement, concordent avec ceux que nous avons obtenus, ce qui confirme les uns et les autres.

Nous ne nous arrêterons qu'à quelques points des plus importants.

Boole pose la règle $x^2 = x$ c'est-à-dire qu'il n'y a pas lieu, en logique, à la notion de puissances, que toutes les puissances d'un genre sont réductibles à la 1re. Cela concorde avec notre règle $A + A = A$. Cheval cheval n'est autre chose que cheval.

Pourtant, à un certain point de vue, il y a lieu de tenir compte des puissances ou des harmoniques de la qualité.

Ainsi un cheval cheval pourra signifier un bon cheval. Mais c'est là un point de vue qu'il faut réserver pour une recherche postérieure.

De la doctrine de Boole, il résulte que la divisoire peut s'assimiler à l'addition mathématique, et la combinaison logique au produit mathématique.

Le système de Boole est concentré dans ce principe : les lois de la logique sont les mêmes que celle d'une algèbre où l'on ne donnerait aux lettres que les valeurs o et 1, les résultats, étant du 1er degré seulement.

Si l'on n'admet pas les puissances de la qualité, la logique en effet est semblable à une algèbre de 1er degré. C'est un théorème très-important, et qui contribue à fonder l'unité des mathématiques et de la logique.

Cette double valeur o et 1 constitue la loi de la dualité.

Les relations logiques peuvent exprimer une chose en fonction de plusieurs autres.

$$w = f(x, y, z,)$$

Boole explique comment cette fonction peut se développer en une somme de termes contenant chacun x, y ou z ou leurs négations. Non x s'exprime par $(1-x)$. Mais il est bien plus simple, selon nous, conformement à la loi de la dualité exprimer par ^0x (soit un exposant placé à gauche.)

Les valeurs mathématiques d'une variable pourraient s'exprimer de même.

Boole emploie donc une méthode de développement. Elle est analogue à celle du calcul intégral. Boole pense surtout au développement, nous avons pensé surtout à la simplification. Mais on peut avoir besoin aussi du développement et les formes des antécédents mixtes, celles des divisoires avec les combinaisons contenant des termes opposés entre eux, formes que nous avons données plus haut, sont analogues à celles de Boole.

Nous avons la fonction; nous avons le développement des termes, qui chez nous est une divisoire. Mais la fonction évidemment influe sur ce développement; elle exclud certains termes, en admet d'autres, et ne détermine rien quant à d'autres. On a donc la sphère des termes niés, celle des termes affirmés, et la sphère de l'indétermination. Comment au moyen de la fonction, déterminer ces sphères diverses?

Les termes de la divisoire sont nommés les constituants.

Quant aux valeurs qu'ils affectent qui sont o et 1 ce sont les coefficients. Or, comment la fonction détermine-t-elle les coefficients de ces constituants?

Théorème de Boole

Ici se place le profond théorème qui est le résultat le plus précieux de cet ingénieux système.

On prend chaque constituant à part et l'on considère

l'influence de la fonction sur ce constituant. C'est comme si on intégrait terme à terme.

Dans la fonction générative, on donne à chacun des termes la valeur (ou le coeficient) qu'il a dans le constituant. On calcule la fonction ainsi obtenue, puis on regarde le résultat. Si le résultat est 0^1 le constituant est nul ; si le résultat est 1, le constituant résulte de la fonction. Dans les autres cas il y a indétermination.

Ce théorème est très-aisé à démontrer. Nous les noterions ainsi dans notre système :

$$\Sigma \; \alpha \overset{o}{\overline{{}^1 x, y, z}} + op \setminus o, 1, i \overset{o}{\overline{({}^1 x, y, z)}}$$

op signifie opération. Le trait supérieur exprime l'identité.

Cette notation n'a pas la prétention d'exprimer tout ce qui se rapporte à ce théorème ; elle a pour but de mettre en relief les points, les plus importants pour en permettre la généralisation, que nos essayons à présent.

GÉNÉRALISATION DU THÉORÈME DE BOOLE

Au lieu de la somme sylleptique Σ nous pouvons supposer toute fonction symétrique. Au lieu de la dualité, nous pouvons supposer toutes pluralités.

Ces pluralités peuvent former des séries ayant certaines limites ou des cycles. Nous y conservons o qui peut servir à former des cycles suppressibles. La fonction α est plutôt non symétrique, mais dans le conséquent on peut supposer toute fonction symétrique autre que la 1re.

Le théorème ainsi généralisé sera noté :

$$\varphi\left(x^{n\,(a\,\,b\,\,c\,\,d} \overset{o\,o}{\underset{x}{\Sigma}} x, y, z + op - a, b, c, d \underset{x}{\Sigma} \operatorname{R}\varphi\, y, y, z\right.$$

$o, 1\,\Sigma, a$ sont les limites de la série a, b, d.

Ce résultat est beaucoup plus développé que le 1er. Néanmoins si l'on fait abstraction des constantes, il se réduit à

$$\varphi\,v.v'+\mathrm{R}$$

(c'est une application des notations exposées à propos des fonctions logiques et un exemple des relations fonctionnelles, ce + désignant une collection sylleptique, R est la partie indéterminée. V et V' peuvent être différents, mais pris dans le même champ de variation. Il y a donc une variabilité antécédente et une variabilité conséquente. La première a des limites que l'autre dépasse. Ce qui dépasse ces limites forme le champ de l'indétermination.

On a ainsi :

$$\varphi\,v^1\,v^2+\mathrm{R}$$

La conséquence fonctionnelle opère donc une sorte de rotation sur les valeurs de v. C'est là une propriété de l'ordre périodique, ce qui fait entrevoir que les opérations du raisonnement peuvent s'assimiler à des rotations associées à des éléments indéfinis. On peut de plus supposer qu'on n'a pas une seule période dans v, mais une combinaison de plusieurs périodes ; c'est à cela qu'on arrive quand on considère les puissances de la qualité, c'est-à-dire quand les puissances de x sont irréductibles. Alors il y a progression ou rotation d'exposants.

Cela suppose que les éléments premiers sont sériés. Ce n'est qu'à la condition de cette sériation que les raisonnements opèrent des rotations déterminées. Cela est une invitation à étudier l'ordre périodique. On y voit encore l'antagonisme des fonctions symétriques et des fonctions d'inégalité. Observons à ce propos qu'il convient dans la logique, de ne pas se borner aux synthèses symétriques, et aux inverses qui en dérivent, mais d'étudier aussi et en premier lieu, les relations, synthèses inconvertibles, dont la principale est la conséquence.

Agrandissons donc ces idées, en y faisant entrer comme élément la relation de conséquence et la sériation. Posons entre les éléments x, y, z, des rapports quelconques de sériation, séries du temps, de l'espace, des forces, s'exprimant graphiquement par des lignes, des systèmes de faisceaux ou des cycles, comprenant aussi des termes pris négativement.

Un tel système de sériation peut être considéré comme une fonction des éléments x, y, z.

Dans chacun des termes de cette fonction les éléments de x, y, z sont présents, ou tous, ou quelques-uns ; mais on peut supposer qu'ils sont tous présents, en affectant les absents de la valeur o. Par suite de la sériation chaque déterminant de la fonction influe sur tous les autres, en admettant que s'il n'influe pas réellement il y a coefficient d'indétermination.

Si les déterminants influent chacun sur tous les autres, il y a des réactions mutuelles de tous ces termes. On peut donc pour chaque déterminant, à la fonction génératrice joindre ces réactions, et combiner le tout. Mais on peut se borner aux réactions réelles, laissant de côté les indéterminées.

Il n'est pas besoin d'emprunter ici les formes mathématiques. Les formes logiques suffisent.

Voilà encore une assez vaste génération du système. Mais même généralisé ainsi, il est insuffisant pour épuiser la logique. Car il s'arrête à l'ordre arithmétique et algébrique, et il n'arrive pas à l'ordre géométrique.

Ici s'ouvre un champ immense qui va donner lieu à des théories dont nous ne faisons que de commencer l'étude et dont les bornes nous échappent. C'est la théorie des connexions.

CHAPITRE II

Géométrie : LES CONNEXIONS.

La synthèse de la logique et de la géométrie nous amène à une vaste théorie près de laquelle toutes celles que nous avons indiquées ne sont presque rien. Cette théorie née dans la logique, englobe la géométrie entière, la dépasse et conduit à la métaphysique. Nous n'en donnons ici qu'une légère idée et, comme nous l'avons dit, nous l'avons seulement commencée.

C'est la théorie des *connexions*. Nous avons emprunté cette notion à Riemann. Mais probablement, il est loin d'en avoir soupçonné l'importance.

Tout ce que nous avons lu à cet égard, est contenu dans une brochure intitulée : *Théorie élémentaire des quantités complexes* par J. Hoüel. Troisième partie. *Théorie des fonctions multiformes*, Paris, Gauthier-Villars.

Riemann, pour représenter les valeurs multiples de certaines fonctions variables, et les réduire à des valeurs uniformes, conçoit le plan qui représente la variable, comme formé de feuillets soudés à un même point ou à une même ligne. Dans chaque feuillet, on peut passer d'un point à un autre sans sortir du feuillet ; mais on ne peut passer d'un feuillet à un autre que par des lignes de passage.

Chaque feuillet forme une connexion, et le plan multiple un système de connexions.

Définition et délimitation des connexions.

On nomme Connexion, un système symbolisé par un ensemble de points contigus, limité par un contour, tel qu'on puisse passer d'un point à un autre du système sans franchir le contour.

Les termes d'un pareil système sont logiquement contraires les uns aux autres, et se nient mutuellement. C'est donc là un cas des divisoires. On suppose de plus que ces termes sont sériés. Les diverses connexions d'un même système sont le plus souvent délimités par les contours.

Ces contours sont composés de termes communs aux divisoires qu'ils limitent. La considération des contours est essentielle à l'idée de connexion.

Cette théorie s'applique aux entrelacements, aux tissus en général, aux choses où la complexité est la plus grande aux jeux de patience, par ex. à ceux qu'on nomme les questions si variées et si intéressantes parfois.

Un contour fermé, où un cycle divise l'espace plan en

deux connexions A et B, et on ne peut aller d'un point de l'une à un point de l'autre sans passer par le contour.

On peut diviser les connexions en connexions parfaites et connexions imparfaites.

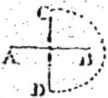

Soit deux points C, D et la ligne A B. Si ces deux points doivent être reliés par une ligne quelconque, on évitera A B et les points quant à cette ligne de jonction seront dans une même connexion. Mais si la ligne de jonction doit être une droite, selon la position des points relativement à A B, il faudra traverser A B. Alors il y aura dans la ligne de jonction deux connexions. Ces connexions sont dites imparfaites ou incomplètes.

Transformer les connexions imparfaites en non connexions, est le but principal des questions, ou si l'on peut s'exprimer ainsi, de l'art de débrouiller.

Les cycles ont la propriété de diviser l'espace plan en connexions parfaites. Voilà encore une des propriétés les plus importantes des cycles.

Les lignes indéfinies ont la même propriété, à l'exception de la spirale.

La théorie des intersections dérive de là.

La théorie des parallèles se rattache à cette conception, car une parallèle à une droite, reste toujours dans une même connexion vis-à-vis de cette droite.

De là peut dériver un vaste problème géométrique. Une figure étant donnée, quelles sont les figures comprises dans la même connexion, déterminée par cette figure.

Quant à la théorie des entrelacements, aux notations indiquées par Vandermonde, on doit substituer ou joindre le plus souvent l'indication des connexions.

Les connexions s'appliquent aux théories des contradictions et des contrariétés qui rendent raison du syllogisme. C'est la septième méthode que nous avons énumérée. L'indétermination est alors levée parce qu'une connexion parfaite se forme. Il se produit des rapports de contradiction qui amènent la conclusion nécessaire.

Soit b le moyen terme. Il forme deux connexions parfaites. Les contours de a et de c doivent être placés chacun dans une de ces connexions (mais non pas dans la même). Soit a placé dans la connexion interne. Le contour de c sera dans l'externe, mais, ou bien c sera entier dans l'externe et alors son contour n'enveloppera pas b ou bien son contour enveloppera b. D'où deux cas différents. Nous ne traitons pas le cas des particulières qui n'a rien de difficile.

Le cycle produit la connexion et la contradiction. Celle-ci lève l'indétermination.

La théorie des connexions et celle des cycles suppressibles se combinent et s'appliquent l'une à l'autre. Ici on a donc des connexions suppressibles. Elles sont données, soit par des séries qui vont d'un terme à un autre, soit par des cycles qui enveloppent des termes à unir ou à éliminer. La contrariété et la contradiction posent des connexions suppressibles. Nous ne développerons pas ces considérations.

Limite des connexions.

Les connexions à l'idée de contrariété déjà existante dans les divisoires ajoutant celles d'une région de passage, figurée ordinairement par une ligne, mais qui pourrait l'être par une surface, une bande par ex. La contrariété n'existe pas dans cette région de passage, elle produit la contradiction sans l'avoir.

Les connexions sont déterminées et délimitées par leurs contours. Ils sont supposés sériés et parfois suivre un certain sens.

Principes générateurs des connexions.

On peut supposer que les connexions soient engendrées par leurs contours eux-mêmes. Ainsi dans le dessin par le trait, les contours déterminent les objets qu'ils représentent.

Ces contours ne se rencontrent pas, ou bien se rencontrent et forment des connexions enchevêtrées. D'où la théorie des intersections. C'est souvent un contour sérié, un fil par exemple, qui se croise un nombre déterminé de fois. Si ce contour est fermé, il forme un cycle, sinon on peut le considérer comme un quasi cycle, ou mieux en unir les deux bouts par un contour hypothétique. Des connexions peuvent ainsi être formées par un certain nombre de cycles et de quasi cycles, qui se rencontrent. Ces cycles et quasi cycles peuvent ensuite être développés et rectifiés, de manière à former une seule ou plusieurs lignes. S'il y en a plusieurs, ils peuvent être unis par des lignes hypothétiques pour n'en former qu'un seul. En développant ou en rectifiant, on indique par des lettres identiques, ou on unit par des traits les points de rencontre.

Les connexions sont simples ou multiples. Des connexions simples étant posées, les multiples sont censées formées par des additions et des sommes de ces connexions simples.

$$A = (B + C + D)$$

Ainsi un terme placé dans une connexion simple peut être placé en même temps dans plusieurs connexions multiples.

Chaque connexion d'un système peut aussi être déterminée par un rapport avec un point ou un objet quelconque pris comme centre. On a ainsi des connexions concentriques, parallèles, rayonnantes.

Les termes des connexions peuvent être représentés par leurs propres qualités. Mais on a les qualités intrinsèques ou de compréhensions (c'est la forme) et les qualités intrinsèques ou d'extension. Ce sont les relations.

On peut considérer aussi des connexions comme déterminées par des relations de leurs éléments avec des connexions du même système. Alors il y a détermination inverse entre deux connexions appartenant au même système ; à moins que la relation ne soit convertible. Il y a une sorte d'involution entre deux séries de connexions. On peut avoir ainsi des systèmes tels que le premier ait une certaine relation avec le deuxième, celui-ci la relation inverse avec le premier. Ces deux systèmes n'en font qu'un seul dont chacun fait partie. On voit combien la matière est riche.

Moyens d'exprimer les connexions et transformations de ces expressions.

Cette expression a lieu par des figures quelconques tracées sur un plan.

Toute figure, ou toute combinaison de figures géométriques peut servir à cet usage.

Les connexions sur un plan donc peuvent être des représentations de relations logiques ou mathématiques. Dans un pareil système, il faut bien moins faire attention à la valeur absolue des termes qu'à leurs relations avec d'autres termes. Il s'agit, les connexions étant posées, pour certains termes, de savoir dans quelles connexions ils sont distribués.

Donc toute transformation qui conserve les mêmes connexions formées des mêmes termes, conserve les relations qu'on a intérêt à étudier.

Si on veut considérer les quantités inhérentes à chaque terme, et trouver les relations quantitatives que les termes ont entr'eux, on n'a qu'à joindre aux termes que l'on considère dans le raisonnement une cote mathématique à un ou plusieurs indices, suivant que la quantité est à une ou plusieurs dimensions, et l'on aura les éléments nécessaires pour les opérations de pur raisonnement et pour les opérations mathématiques. C'est là une application de la théorie des plans cotés. Ainsi les propositions du syllogisme seront parfois affectées de cotes, dont le raisonnement tiendra compte.

Quant aux représentations graphiques, nous les divisons en trois. Les unes sont mathématiques. Les grandeurs mathématiques y sont traduites par des grandeurs géométriques ou algébriques et la correspondance est exacte. Tel est le système de la représentation des phénomènes par les courbes graphiques, et au moyen des instruments enregistreurs. Telle est encore la méthode des plans côtés.

2° D'autres fois on ne peut conserver toutes les relations on conserve au moins les principales. C'est ce qui a lieu pour la représentation d'une sphère, telle que le globe terrestre, avec les accidents de sa surface, sur un plan. On conserve les angles ou les distances, mais on peut toujours remonter de ce qui représente, à ce qui est représenté.

3° D'autres fois on ne représente point des quantités, mais des relations plus ou moins logiques. Ce sont des schèmes.

On a donc les représentations exactes, les représentations altérées, et les schèmes.

Les 1res n'ont souvent que des transformations très-limitées, les 2mes ont un certain nombre de transformations; les 3mes ont des transformations très-nombreuses.

On voit, quant à cette matière, comment la logique se distingue des mathématiques.

La connexion ne change pas dans quelqu'ordre qu'on dispose ses parties.

Elle ne change pas quelque forme que l'on donne à la figure qui l'exprime et qui contient ses termes, pourvu que cette figure contienne tous ses termes et ne contienne qu'eux.

D'où naissent des transformations nombreuses.

Cela est un caractère et un avantage de l'expression graphique, de se prêter à ces nombreuses transformations pouvant avoir leurs avantages différents.

A la sévérité de l'expression linéaire s'oppose la richesse de l'expression graphique. On peut avoir ainsi des points, des lignes, des angles, des polygones, des courbes fermées ou ouvertes, etc.

On peut prendre pour exprimer le tout ou le plan indéfini, ou une portion limitée par un contour, une boucle par exemple.

Les contours qui séparent les connexions sont le plus souvent des lignes, mais peuvent être aussi des espaces. Ainsi un système de cercles tangens laissent entr'eux un vide, de même un système de sphères ou de cônes.

On peut avoir des schèmes non-seulement dans le plan mais encore dans l'espace. Les schèmes dans l'espace, quoique non entièrement représentés sur un plan, souvent sont aisément conçus par l'esprit.

Un système de plusieurs connexions peut être représenté par des figures ayant leurs éléments distincts les uns des autres. C'est le système le plus simple.

Ou bien les figures peuvent *s'enchevêtrer*, avoir des parties communes, soit

On peut alors concevoir *a* et *b* comme des connexions composées.

Cela mène à l'addition, à la soustraction, aux opérations semblables sur les connexions, mais purement logiques, et sans chiffres explicites. Pour les connexions enchevêtrées, même en mathématiques, dans la somme totale, les parties communes à plusieurs connexions ne doivent compter qu'une fois.

On peut supposer les connexions enchevêtrées, dans des plans différents superposés et qui se meuvent les uns sur les autres. Dans ce mouvement les connexions diverses sont isolées, tangentes, enchevêtrées, puis isolées encore.

En divisant successivement en parties de plus en plus petites, on arrive à l'élément simple, indécomposable et pour ainsi dire à l'atôme.

Ont peut avoir aussi un centre et des axes. Or ce centre et ces axes sont des connexions spéciales auxquelles les autres sont subordonnées.

Les connexions sont ramenées à des éléments plus simples, au moyen des projections.

Prenons les projections sur deux axes rectangulaires.

On conclut, en général, des relations entre les connexions à des relations entre leurs projections, mais il faut pour chaque connexion, prendre les deux projections.

Pourtant il peut y avoir une région d'indétermination (un rectangle). Pour les connexions qui sont dans cette région, les relations entre les connexions, ne déterminent pas celles entre les projections.

Les relations entre les connexions déterminent celles entre les projections; mais la réciproque n'est point vraie.

PASSAGE D'UN POINT A UN AUTRE DANS UNE CONNEXION.

Chaque connexion étant composée de séries, on considère un point, un curseur, dans un plan superposé se mouvant sur elle en parcourant un chemin quelconque. Ce chemin comprend donc des portions de séries, et des chemins transverses.

On peut décomposer l'aire donné en une somme de chemins, on peut ainsi se proposer de parcourir toute l'aire, en ne passant qu'une fois par chaque point, et en passant par tous les points.

C'est un problème analogue à celui du cavalier aux échecs ; C'est une sorte d'intégration.

C'est le problème qui consiste à rechercher quelque chose, à faire une investigation complète dans un local par ex. à visiter une exposition.

Les chemins partiels sont [ou des séries ou des chemins transverses.

Il y a deux sortes de marches particulières :

1° Partir d'un point, et arriver à un autre point plus ou moins distant du 1er ; on a une série non fermée ; 2° revenir au même point. C'est un cycle, une marche fermée, une marche rentrante.

Nous ne pourrons ici figurer toutes ces marches. Voyons en les principales, on a d'abord celles qui tendent à l'opposition, on va d'un point à un point opposé.

La 1re est analogue à l'ordre de l'écriture.

La 2e est analogue au boustrophédon des grecs.

Dans la 3e on se propose d'aller d'un point à un autre point de contour, mais non opposé. On emploie la 2e marche plus une partie du contour.

Si l'on veut aller d'un point du contour à un point intérieur situé près du centre, on emploie une marche spéciale ; mais cette marche a plusieurs formes. D'ailleurs toutes ces marches peuvent être rangées en une seule espèce ; car elles consistent soit dans une spirale, soit dans la projection d'une spirale sur un plan.

Marches Cycliques

1° Le point de départ et le point d'arrivée est un point du contour.

La 1re marche se figure ainsi:

Elle a l'avantage de mettre en relief les deux coordonnées de la connexion. La partie employée du contour horizontal compte les séries verticales, si celle-ci ne variait d'après une certaine loi, l'une d'elles étant une base, les transversales comptent le nombre des opérations. Par extension on a les intégrales définies

$$\int_o^c fx\, dx$$

Les autres marches sont bien plus complexes. C'est un système de contours qui s'enveloppent les uns les autres, un contour interne étant relié au contour externe qui suit. Cela revient à un contour qui se replierait dans un seul sens ou dans divers sens sur lui-même.

Le cas le plus simple se rapproche d'une spirale formée non par une ligne mais par une aire cyclique.

De pareils systèmes étant donnés, on conçoit le cas plus

complexes où les contours se replient et s'enchevêtrent les uns dans les autres.

Les connexions peuvent être représentées simplement ou par leur contour externe ou par leur centre, ou par une composante horizontale ou verticale du contour.

Le problème peut être posé autrement. La connexion étant divisée en parties on peut chercher à n'en former qu'un seul tout.

On divise la connexion totale en plusieurs connexions partielles n'ayant rien de commun, mais comprenant tous les éléments de la connexion ; puis on tâche de les réunir en n'ayant qu'un seul contour. C'est le problème des communications. Ainsi en architecture des appartements étant construits, les faire communiquer les uns avec les autres, ou bien par les travaux publics, ouvrir des voies entre les villes.

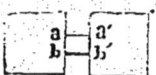

Faisons tourner ab sur a comme pivot, de sorte que b vienne en a', de même $a'b'$ sur b' de sortes que a' vienne en b, les deux connexions n'en feront plus qu'une et les deux contours ne seront qu'un seul contour.

Ce qui sépare les connexions peut être regardé comme solide vis-à-vis du reste regardé comme vide. Tel est un mur vis-à-vis des chambres qu'il sépare. Cette réunion est donc comme une porte de communication, (on a là comme le labyrinthe. La série qui intègre, est le fil d'Ariane. Si les connexions principales sont pleines, et celles qui les séparent sont vides, on les assimile à des iles dans la mer ou dans un lac, que l'on réunirait par des ponts.

La logique et les mathématiques marchent ainsi vers l concret, et la science va vers la poésie.

Le problème qui consiste à réunir plusieurs connexions en une seule, puis à ranger les éléments en une série, est plus généralement le problème qui consiste à ramener la multiforme à l'uniforme. C'est ainsi que Riemann l'a posé en géométrie, et il l'a appliqué aux plus hautes parties du calcul intégral. Mais ce problème est avant tout logique.

C'est l'analyse vis-à-vis de la synthèse. L'esprit humain ne peut embrasser d'un seul coup d'œil les objets multiples qui se présentent à lui. Il est obligé d'analyser, de prendre une à une les relations selon une série.

Or un esprit synthétique qui embrasserait le système des choses d'un seul coup d'œil, peut concevoir comment procèderait un esprit analytique.

Puis ce que l'esprit conçoit tout à la fois, ne peut être réalisé que successivement, point par point ; si l'esprit est synthétique le temps est analytique. La synthèse pose un peloton que l'analyse dévide.

Le langage graphique est multiforme, et le langage phonétique essentiellement série.

Le système de Riemann, ces plans multiples, communiquant par des tubes verticaux, transformés ensuite en couches d'une sphère où les points à l'infini se rejoignent à un point antipode du pôle principal de la sphère, indique le moyen de transformer dans l'espace le multiforme en uniforme. Cela est un magnifique symbole où le zéro, l'unité et l'infini ont leur représentation. Nous devons plus à Riemann qu'à Boole. Aussi nous avons une profonde admiration pour le génie de Riemann.

Là aussi semble se montrer le rapport de l'esprit à la

matière, la matière est uniforme, l'esprit est multiforme, c'est le multiforme qui amène la liberté.

Les réunions et les coupures qui établissent un contour uniforme, peuvent aussi être considérées comme produites par des cycles d'interposition.

Il y a lieu ici de considérer les sens des courants dans un contour, où le sens dans lequel un contour est parcouru par un point (par le curseur).

Les cycles d'interposition peuvent servir soit à séparer, soit à réunir deux connexions.

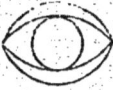

Dans la figure ci-dessus analogue à un œil, le cycle représentant la pupille, sépare en deux parties la cornée et réunit les paupières.

Il peut y avoir changement de sens dans un courant. Quand le courant a lieu sur un plan, on peut considérer le changement comme résultant d'une évolution angulaire dans l'espace.

MOYEN D'ÉVALUER LES CONNEXIONS ET LES QUANTITÉS QUI Y SONT AFFÉRENTES.

Le moyen le plus général consiste à affecter les termes de cotes mathématiques. On fait des calculs purement arithmétiques sur ces cotes.

Mais on opère aussi sans cotes explicites au moyen des instruments mathématiques, tels que la règle et le compas, et du calcul algébrique et arithmétique.

C'est la géométrie entière qui apparaît devant nous. La géométrie est enveloppée dans cette théorie. La géométrie tout d'abord pose des connexions. Le plan est une connexion dans l'espace. Les droites, les angles, les polygones, les figures sont autant de connexions.

A ce sujet on a la conception d'un instrument géométrique universel dont nous nous occuperons plus loin.

LES CONNEXIONS EN TANT QUE MOBILES ET POUVANT SE MODIFIER

C'est encore une vaste théorie que nous faisons qu'entrevoir. Si la précédente contient toute la géométrie, dans celle-ci il y a la mécanique et plus que la mécanique, la création entière; car le monde n'est qu'un ensemble de connexions, ou constantes, ou se modifiant selon certaines lois.

Ici apparaît en premier lieu la distinction des connexions constantes et des connexions variables. Les constantes absolues sont solides impénétrables et fixes; les variables absolues sont vides. Puis nous en concevons de mixtes, participant à la constance et à la variabilité. Les connexions vides variables proviennent de la mobilité des constantes. Les constantes mobiles sont absolument mobiles ou peuvent se mouvoir autour d'un point fixe ou de deux points fixes. Elles peuvent subir des transformations. La flexion en est une ; d'où les connexions flexibles, fils, cordes, étoffes par exemple, d'où les entrelacements, les tissus ; si elles sont formées de système accidentellement ou relativement solides, les altérations sont plus nombreuses. Nous avons les analogues des corps physiques a priori. Ici ont lieu les dilatations et les contractions, et nous avons les états solide, liquide, gazeux.

Les questions, les nœuds, et les choses les plus complexes relèvent de cette théorie. Il y a lieu alors de considérer des connexions imparfaites pouvant se transformer en non connexion.

La forme générale du nœud est une spirale, le fil se replie d'abord sur lui-même, décrit une spirale autour de la partie dont il se rapproche et passe dans la connexion vide ainsi formée. Dans cette connexion peut aussi entrer une ou plusieurs boucles du fil replié sur lui-même.

La spirale est une courbe puissante, quant à l'arrêt du mouvement, et quant au mouvement lui-même ; ce principe est très utile quant il s'agit de débrouiller.

On peut considérer la mécanique et les théories qui s'y rapportent soit au point de vue de la force, soit au point de vue de la forme. La 1re donne la mécanique dynamique, elle est surtout mathématique. La 2me est surtout logique, et Ampère, M. Laboulaye, M. Reuleaux les nomment *cinématique*.

La mécanique emploie le rapport du contigu.

Si l'on suppose dans les connexions des rapports d'extension et de représentation on a comme l'organique à priori, science qui peut être aussi très vaste. Nous reviendrons tantôt à ces extensions.

On a ainsi des constantes qui sont comme des pivots et des variables qui opèrent des mouvements de rotation. Cela comprend le monde entier accessible à nos sens. N'insistons pas.

Opérations inimanentes et transcendantes dans les connexions.

Les opérations dans les connexions sont internes ou inimanentes quand les résultats n'ajoutent rien à la connexion, externes ou transcendantes quand par elles on passe d'une connexion à une autre, distinction capitale de 1ᵉʳ ordre. Elle mène de la logique à la métaphysique.

Opérations immanentes.

Elles ont lieu au moyen des relations logiques.

Collection. La collection est une opération immanente quand elle ne comprend que les éléments de la connexion. Prise inversement elle donne lieu à l'idée de soustraction, division, désintégration, différentiation.

Dépendance. Elle donne lieu à l'idée de série des éléments obtenus par les opérations qui précèdent.

La série est une adjonction uniforme.

Négation. Elle donne la permutation de tous les éléments entr'eux, en particulier le mouvement cyclique qui est la plus haute des opérations immanentes.

Opérations transcendantes.

Les opérations transcendantes font passer d'une connexion à une nouvelle, soit de la connexion prise en bloc à une autre, soit d'un élément de la 1re à un élément de la 2e.

Elles sont de la plus haute importance.

Elles sont applicables à toutes choses. La vie sociale, l'art, la civilisation, sont des questions de transcendance.

Dans l'art littéraire, la description est immanente, la narration est transcendante.

S'élever de plus en plus, dans de nouvelles sphères, jusqu'à ce que l'humanité se soit développée dans sa plénitude et dans sa grandeur, telle est la question vitale de la civilisation.

Les moyens généraux de la transcendance sont les mêmes que ceux de l'immanence. Ce sont la collection, la série, et la négation sous forme de permutation.

Si ces opérations faites sur un élément de la connexion ne dépassent pas cette connexion, elles sont immanentes, si elles la dépassent, elles sont transcendantes.

Quand les éléments d'une connexion, ainsi que ceux d'autres connexions comprises dans un même système sont affectés de cotes mathématiques, et qu'on peut effectuer sur eux des opérations donnant des cotes comprises ou non dans le système total,

Si les opérations faites sur les cotes de cet élément donnent les cotes d'un élément compris dans la même connexion, l'opération est immanente; si les cotes résultantes sont affectées à un élément d'une autre connexion, on a une opération transcendante, si le résultat n'est affecté à aucun élément du système total, l'opération est impossible;

toutefois, elle peut devenir possible si l'on prend un plus vaste système, ce qui explique le rôle de l'absurde et de l'impossible en logique et en mathématique.

Ainsi l'imaginaire n'est qu'un système plus vaste dont le réel fait partie.

On peut noter cela ainsi

$a \int \diagdown a' \int$ opération immanente.

$a \int \diagdown a' \Sigma$ opération transcendante.

$a \int \diagdown a' (\Sigma + d)$ opération impossible ou menant à un système plus vaste.

Par cette opération plus que trascendante, on obtient des espèces, des genres nouveaux.

Cela fait penser à l'induction, au calcul différentiel, à l'infini, comme moyen de transcendance.

Le théorème de Boole mis sous la forme

$$\varphi v \diagdown v + R$$

nous offre un cas d'immanence, quand R est nul, et un cas d'indétermination, quand R n'est pas nul ; mais peut-être alors pourrait-il servir à des cas plus étendus.

Là est un des caractères, qui distinguent la logique des mathématiques.

Les connexions en elles-mêmes sont logiques. Un élément distribué dans une connexion a une *relation logique* avec elle. Mais cette relation peut-être conclue d'une primitive par des opérations mathématiques, qui jouent le rôle de moyens termes.

Si on ne sort pas de la connexion, on n'a pas besoin des mathématiques. Donc les *mathématiques* le plus souvent opèrent *la transcendance*; elles sont le *moyen*, *l'intermédiaire*, la relation logique est le point de départ et *le but*.

La transcendance s'opère sur les contours et par les contours.

Voici les autres moyens logiques de transcendance :

Les relations de contradiction et de contrariété.

La sériation qui semble être le moyen le plus général.

Par la série, on sort de l'élément donné et selon la loi de la série on arrive où l'on veut. Si donc on arrive au contour, et si l'on continue la série (quand on peut), on dépasse le contour, et la transcendance est opérée.

La série est de deux sortes : on a 1° la série par adjonction où tous les termes antérieurs à un terme donné sont conservés, 2° la série par élimination, dans laquelle chaque nouveau terme élimine ceux qui précèdent.

Le résultat des 1res est une ligne droite ou courbe.

Les 2es ont pour résultat un point occupant une certaine position. C'est le mouvement d'un point. Ces deux séries sont le plus souvent associés ex : une boule en roulant laisse sa trace sur le sable.

Cette élimination n'est pas subjective, mais réelle.

Un contour fermé étant donné, un mouvement en ligne droite fera sortir de la connexion.

La droite est transcendante vis-à-vis du cycle. C'est la flèche lancée dans l'infini. Ce que décrivent de beaux vers de Lucrèce, 1,957. Il en est de même pour toute courbe dont le centre est hors de la connexion, dont le contour variable s'approche d'une limite fixe placée hors de la connexion.

Puisque le cycle forme des connexions parfaites, et représente ainsi l'immanence, la ligne la plus opposée à la ligne cyclique est la source de la transcendance. C'est la ligne droite. C'est le facteur absolument indéfini.

Lorsque dans une fonction il y a des constantes et des variables, les divers ordres de variation peuvent être considérés comme autant de connexions.

Les transcendances successives nées d'une même opération sont autant d'harmoniques.

Il y a transcendance complexe quand vis-à-vis d'une connexion, on passe d'une 2ᵉ à une 3ᵉ. C'est une sorte de rotation.

La transcendance peut avoir lieu au moyen du cycle. Ceci est très-important.

Le contour d'une connexion est surtout le lieu où s'opère la transcendance. Elle peut s'opérer par sériation; mais elle peut aussi avoir lieu par rotation, et dans ce cas la rotation équivaut à une sériation.

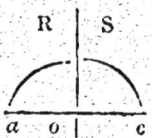

On va de a en c soit par la série aoc, soit en faisant tourner aoc sur o de sorte que a et c permutent entre eux.

Les connexions R et S ont échangé les points a et c.

On voit là une sorte d'échange. L'échange est donc une opération transcendante, et ce serait là le principe de *machines commutatives...*, si on en avait besoin.

La rotation vaut donc ici une translation. Mais l'on peut aussi combiner ces deux facteurs, l'un élément cyclique, l'autre élément indéfini.

De cela se rapproche la transformation d'un rectangle en triangle, dont on a souvent besoin en géométrie et en mécanique surtout.

La quantité imaginaire peut être considérée comme résultant, ou de deux translations dans des sens différents, perpendiculaires entre eux, ou d'une seule rotation.

Elle s'exprime ainsi

$$a + bi \quad = \quad (\cos z + i \sin z)$$
$$\text{translation} \qquad \text{rotation.}$$

La translation est une somme, la rotation est un produit. D'où l'équivalence si importante des sommes et des produits.

Ici les éléments de la somme ne sont pas ceux de produit ; on peut arriver à une réciprocité plus étroite où les éléments de la somme et ceux du produit sont les mêmes.

Posant $a + bi$ nous voyons que 2° terme est une quantité imaginaire irréductible à la 1re et c'est une 2e dimension de l'espace. On peut donc à priori supposer plusieurs de ces quantités irréductibles. On a ainsi :

$$A_0 I_0 + A_1 I_1 + A_2 I_2 + A_3 I_3, \ I_0 \text{ étant le réel}$$

Si ces quantités sont liées par une fonction, on a une fonction à plusieurs variables

$$f(x, y, z).$$

Ces variables ou dimensions sont irréductibles par ce

qu'elles marquent un ordre, un rang. Mais elles ne sont pas seulement ajoutées ensemble, elles sont combinées; elles forment un produit, mais plutôt un produit logique. Et à un certain point de vue on peut écrire

$$x + y + z = xyz.$$

La multiplication logique paraît donc une addition de choses irréductibles.

Ainsi, sans employer les logarithmes, on peut d'une certaine manière transformer la multiplication en addition.

Cela ouvre de nouvelles voies au calcul et surtout au calcul intégral, les sommes étant bien plus aisées à intégrer que les produits.

Cette addition de choses hétérogènes est une opération transcendante, car l'addition semble-t-il, opère sur l'homogène seulement.

De cela se rapproche l'union des opposés par une autre voie que celle de l'addition.

Soit des modes ainsi collectionnés dans un même sujet.

On peut considérer ces modes comme n'ayant que les valeurs o et 1 d'après Boole. On a ainsi le champ de la logique tel qu'il l'a délimité.

Si le sujet a la propriété x, et si cette propriété appartient à d'autres sujets formant d'autres connexions, enveloppant les sujets dans une seule connexion, on a le genre. Le genre, quand les sujets sont déterminés, est donc une opération de transcendance.

Mais cette propriété x peut être constamment associée à bien d'autres, elle en est la source, le lien, le signe, ce qui fait comprendre le nominalisme; mais elles peuvent aussi dériver d'elle par transcendance.

Arrivons au genre 1ᵉʳ, l'être. Sa compréhension est nulle.

Oui, sa compréhension initiale, mais sa compréhension dérivée peut être plus riche. C'est ce qui donne lieu à l'Ontologie.

On peut obtenir ses propriétés dérivées au moyen de l'induction.

Ainsi l'attribut qui semble appartenir à l'être dans toutes ses sphères est la cyclicité. — *L'être est un cycle.*

Il n'y a pas seulement à considérer la compréhension et l'extension abstraites. Il y a encore la compréhension et surtout l'extension concrètes. Chaque propriété peut avoir une extension.

L'interne et l'externe influent l'un sur l'autre.

L'extension en soi est transcendance.

On rencontre ici d'abord la similitude. La similitude géométrique s'explique par la combinaison de facteurs cycliques et d'un facteur indéfini. Les 1ʳˢ formant la compréhension, le deuxième l'extension.

Il y a une sorte de similitude algébrique. Soit $f(x')$.

Toutes les valeurs de la fonction sont en quelque sorte semblables entre elles.

La correspondance entre la compréhension et l'extension peut être une correspondance d'action et de réaction.

Il y a lieu ici de considérer des connexions solides ayant pourtant des éléments variables, en rapport avec des connexions externes au moyen d'éléments intermédiaires flexibles ou fluides, en un mot de connexions éminemment variables.

La forme la plus générale de ces connexions solides est celle de différence cyclique ; sorte de sphère creuse avec ouverture.

Comment elles peuvent se former, c'est un problème qui sera posé ailleurs.

Ces connexions sont mobiles et selon leur position, les actions et réactions qui s'opèrent par elles ou en elles seront différentes. Des connexions externes, part une action qui arrive à celle considérée, est modifiée par elle, et produit une réaction qui va modifier les connexions externes. Tout cela peut être figuré aisément, c'est ici le commencement de l'organique à priori.

On voit par ces considérations que l'action immédiate de l'esprit sur la matière peut être réduite à une rotation plus ou moins arbitraire, le facteur indéfini provenant des réactions ci-dessus.

On a ainsi des compréhensions avec puissance extensive.

Supposons plusieurs de ces compréhensions réunies ensemble dans un même sujet.

La compréhension totale formera une sorte de cycle; ce cycle aura ainsi une extension totale.

La cause est aussi un principe de transcendance. Nous n'avons pas à y insister ici.

La transcendance tend à l'infini ou à la somme totale.

L'INFINI OU LA SOMME TOTALE.

Voyons-en les principales propriétés.

1° D'abord dans la somme totale il n'y a pas d'opérations transcendantes possibles, ces opérations arrivant à sortir du tout sont impossibles; il n'y a que des opérations immanentes.

Le tout forme donc un cycle immense. Le cycle est

donc la forme universelle de l'être puisque zéro, l'unité indivisible, l'unité complexe et le tout sont des cycles. La puissance elle-même est cyclique.

Le cycle il est vrai y est associé à un élément indéfini.

L'unité est la connexion type ; de cette connexion on va par immanence à zéro par transcendance à l'infini. C'est la traduction logique du principe mathématique $\infty = \frac{1}{0}$.

2° Dans le tout il y a association des contraires, ce que nous avons suffisamment expliqué, ce que montre la loi de Boole $1 = f(1)x + f(0)x$.

3° Le tout procède du rien par une sorte d'évolution. Il lui est intimement associé. Les extrêmes se touchent. Cette propriété est singulière, elle consiste à dire que l'infini est fonction de 0. On a en mathématique, comme on a vu $\frac{1}{0} = \infty$.

Si on divise un tout en un grand nombre de parties égales, plus ces parties seront petites, et plus elles sont nombreuses. On obtient ainsi l'infini par la multiplication de l'infiniment petit.

La logique donne la somme comme produit de la négation. Cela se comprend, si cette négation est l'opposition productive.

L'addition des modes donne lieu à un produit plus restreint. Par la soustraction ou division on obtient donc un un résultat plus grand. Quant à ces modes complexes, par soustraction on augmente, par négation on affirme.

Ainsi la négation opérant sur l'unité indivisible produit toutes choses.

La limitation des opposés contenus dans le mode complexe limite la collection des sujets.

De même pour les compréhensions extensives, il y a lieu d'avoir la plus grande extension avec la moindre compréhension. Quand l'une tend vers l'infini l'autre en général tend vers zéro.

4° Quand donc une fonction logique ou mathématique on admet l'infini comme valeur de l'une des variables, il en résulte souvent, non pas une valeur infinie de la fonction, mais une autre valeur finie, qui est limite, type. L'infini est donc une cause de transformations.

On a des exemples importants de cette propriété en géométrie, et c'est sur elle que le calcul infinitésimal est fondé.

$$\text{Soit } x = \operatorname{tg} a = \frac{\sin z}{\cos z}$$

quand x est infini, $\cos z$ tend vers 0 et l'angle z est un angle droit.

Cette propriété donne lieu à la représentation de l'infini par le fini au moyen de la sphère imaginée par Neumann, et adoptée par Riemann.

On a une sphère à laquelle deux plans parallèles sont tangents aux points o et o'. Le point V du plan supérieur est joint à o' il rencontre la sphère à un point V''. Si le point V est à l'infini le point V'' coïncide avec o'. Donc l'infini produit le fini, qui le représente. Cela nous paraît sublime.

De l'infini donc il résulte des formes typiques. Nous arrivons par là aux idées de Platon.

Mais il y a une idée type pour chaque forme finie ou pour chaque genre de formes finies associées à l'infini.

Le genre ici abolit-il l'espèce ? Cette recherche est donc difficile, elle doit être faite au moyen de l'induction.

Plus généralement si le monde réel est pris comme formant une seule fonction, les idées seront les déterminan abstraits de cette fonction. Ces déterminants doivent être considérés non comme statiques, mais comme dynamiques.

A propos nous avons vu que le rapport de l'abstrait au concret se transporte en entier dans l'abstrait lui-même :
(*De la proposition, synthèses complexes.*) Nous ne pouvons aborder ici qu'un côté de cette vaste et difficultueuse théorie.

CHAPITRE III

Formes fondamentales mathématiques et logiques.

Indiquons ici un des rapports synthétiques, liant la logique et les mathématiques.

Les mathématiques développent les fonctions en une somme de produits coexistants $\Sigma\, a\, x^b\, y^m\, z^n$. Les intégrales ne sont que de semblables sommes.

La logique nous apprend que le développement des fonctions donne lieu à une sorte de somme de produits. Alors ce sont des sommes *d'alternatives*, disons même, des *sommes sylleptiques*.

Mais ces développements logiques ou mathématiques sont assujetis à des formes fondamentales, que nous devons maintenant rechercher.

Formes mathématiques.

On a d'abord les fonctions entières et rationnelles à une ou plusieurs variables, puis les fonctions indéfinies dites séries.

Soit une seule variable.

Les puissances diverses de la variable sont adjointes à des coefficiens constants. De là on dérive d'autres constantes qui sont les racines de l'équation. Mais pour obtenir cela il y a lieu d'invoquer les racines de l'unité. Or pour chaque degré les racines de l'unité sont déterminées. Ce sont des constantes absolues, formes fondamentales des mathématiques.

Elles s'expriment au moyen de l'imaginaire. Or, l'imaginaire est la racine 4e de l'unité. Ici le nombre 4, domine. Pour trouver les racines d'une équation au moyen des racines de l'unité et des coefficiens, on est conduit à des formes complexes. Parmi elles sont les déterminants. Ce sont des fonctions alternées, les produits étant successivement affectés, de + et — L'alternance joue un grand rôle dans les mathématiques. On a aussi les fonctions paires et les fonctions impaires. Ici domine le nombre 2. Les déterminants sont figurés par un carré contenant les éléments de ces produits.

Chaque permutation est affectée du facteur — 1 ; on peut employer pour d'autres formes les racines de l'unité comme facteurs.

Mais les formes de substitution qui servent à résoudre les équations sont nombreuses. Chaque équation, dit M. Camille Jordan, donne lieu à un groupe de substitutions, qui en réflète le caractère.

Ces groupes, comme les déterminants, peuvent être exprimés au moyen d'un tableau qui en ordonne les éléments. Ce tableau est comme une forme fondamentale.

De même en arithmétique tout se fonde sur des tables carrées ou triangulaires. On a ainsi la table d'addition, celle de Pythagore, le triangle arithmétique, les admirables canons logarithmiques de Wroński.

L'on recherche aussi les nombres 1ers. Mais les nombres 1ers indécomposables selon les facteurs ordinaires, pourraient être décomposables selon des facteurs imaginaires ou cycliques. Il y a donc lieu d'en venir aux facteurs absolument 1ers.

La géométrie nous donne un plus grand nombre de formes. De plus les formes fondamentales de la géométrie peuvent être des symboles des formes fondamentales concrètes.

L'imaginaire, considéré géométriquement, nous donne la division de l'espace plan par 4. Ce sont les dimensions fondamentales, si l'on veut ajouter des fondamentales obliques, on divise chaque angle droit en 2, on aura 8 directions. Mais ces directions naissent de deux systèmes de perpendiculaires.

La géométrie cherche ce qui se conserve dans les transformations de figure. Elle vise au constant.

Les parallèles et les perpendiculaires conservent les angles, les angles conservés amènent les figures semblables.

Suivant cette voie on a les propriétés des faisceaux anharmoniques dans les coniques, les propriétés des points associés dans les courbes ou surfaces.

Ces propriétés donnent lieu aux nouvelles coordonnées trilinéaires. Elles forment un cycle ; elles servent surtout à l'emploi du principe de la dualité, que nous indiquerons tantôt. Ces coordonnées donnent lieu à des triangles de référence qui sont aussi des formes types quoique variables.

Elles nous montrent trois projections ou distances émanant d'un même point. De même les faisceaux anharmoniques ou harmoniques, les faisceaux d'involution.

Cela nous mène à la conception des courbes considérées comme naissant des intersections d'un système de faisceaux. Si on enveloppe ces intersections dans un faisceau fondamental, on aura la conception de coordonnées angulaires, qui se prêtent aux logarithmes cycliques.

Or la géométrie ainsi considérée n'est que la science des éléments cycliques unis à des éléments indéfinis. L'élément cyclique, c'est l'angle, dont l'accroissement a lieu par évolution circulaire ; l'élément indéfini, c'est le rayon vecteur dont l'accroissement a lieu par simple translation.

L'angle variable est une synthèse reliant les dimensions multiples par un cycle continu.

La courbe naît d'une série d'angles, ou de l'évolution angulaire d'une ligne avec un point qui se meut sur elle.

Les puissances d'une même quantité sont représentées par un faisceau formant des angles égaux qui traversent une spirale.

Quand la spirale devient un cercle on a les racines de l'unité. Cela permet encore de représenter graphiquement les racines des équations.

De là l'importance des spirales. La spirale est la courbe puissance. Ex. la vis d'Archimède, l'hélice propulsive, la machine à diviser, les machines graphiques, le phonographe.

La dérivée est la tangente trigonométrique provenant d'une rotation limitée. L'intégrale est la somme algébrique des ordonnées venant d'un faisceau dont le centre est à l'infini, les rayons devenant parallèles, interceptés par l'axe des x et la courbe.

La différentiation cherche l'élément cyclique. L'intégration aboutit à un élément indéfini. On voit aisément comment l'un amène l'autre.

Les coordonnées angulaires ou de rotation semblent donc être le sommet de la géométrie. Elles naissent aussi en mécanique, quand on considère les forces comme émanant d'un point et rayonnant autour de lui quoique variant avec la distance.

L'angle est aussi en logique un symbole des extensions abstraites, comme le rayon vecteur symbolise les extensions concrètes.

Il se peut qu'il y ait des éléments immobiles. Le postulat d'Euclide, la dérivée, nous montrent le mobile se mouvant par accès sur l'immobile.

Vient ici le principe des trois dimensions de l'espace, il nous montre le mouvement cyclique plan donnant naissance à un pivot ; ce pivot a une grande importance, il nous mène au schème universel que nous verrons tantôt.

Ainsi tout s'accorde pour organiser les sciences à priori sur la base de l'évolution angulaire, objet direct ou symbole.

Les formes mathématiques nous mènent à certains nombres.

L'unité n'est pas une forme quoique élément important de la forme.

2 se montre dans le principe de la dualité, dans l'alternance.

3 dans les 3 dimensions de l'espace.

4 surtout domine l'algèbre et la géométrie. On le voit

dans l'imaginaire, les lignes trigonométriques, la sphère, les proportions, le rapport anharmonique, les fonctions elliptiques.

5 est le nombre des polygones réguliers.

Il y a deux sortes de formes fondamentales : les unes sont indépendantes des fonctions ou figures comme les racines de l'unité, les autres varient avec ces fonctions ou figures, surtout en géométrie. Tels sont les 4 points des coniques, les pôles et les polaires. Cela nous mène aux distinctions plus profondes des invariants et des covariants.

L'algèbre recherche surtout la détermination, la quantité et la mesure, la géométrie, la forme ayant une certaine indétermination.

Les formes fondamentales connues, on en conclud par déduction une multitude de propriétés, en employant surtout la combinaison.

Si de là on passe aux applications, on trouve la *sphère*, qui est la plus importante des formes. Puis on a les polyèdres réguliers qui en dérivent.

Dans l'ordre concret on a les formes de cristallisation, et en géologie le réseau pentagonal.

Les différentiations de la sphère semblent être le germe des différentiations organiques. L'art recherche les combinaisons de force qui entraînent un maximum de puissance, ou qui convergent vers une idée donnée, comme M. Taine l'a montré.

Si l'on sort de l'ordre mathématique on reste soumis à la logique.

La sphère tournant sur un axe fixe, mais dont l'action rayonne autour d'elle, semble être le résumé, le type des formes mathématiques.

Formes logiques.

Nous trouvons ici moins de formes précises. Nous avons des formes indéterminées, telles que la série, le groupement, les faisceaux, les cycles, les réciproques. Mais le principe de la dualité qui constitue la négation semble être une forme déterminée.

Le travail fait sur les catégories donne les quatre catégories premières, l'un, la collection, dépendance, négation. (On en trouvera la représentation sur la sphère avec pôle et méridiens.)

La classification des catégories principales faites, on trouve celles-ci par induction.

Dans la logique, le développement se présente d'abord ; puis on opère par induction. De même dans le calcul, on développe les fonctions et on intègre terme à terme ; mais les termes sont nombreux, souvent illimités, ce qui donne lieu à les ordonner, à les grouper, à négliger certains d'entr'eux. D'où les théories des contacts des courbes, des tangentes, des courbes approximatives. Cela ressemble au tempérament en musique. La musique donnerait-elle des leçons au calcul intégral ? Mais faire cela c'est disposer les éléments premiers en un cycle, ou les mettre sous formes d'angles.

La définition est une différentielle, la classification est une intégration et se fait par induction.

Le développement donc donne lieu à un travail inverse d'enveloppement. Celui-ci obtient des formes moyennes qui servent de moyens termes, et de formes finales ou fondamentales qui le plus souvent sont des cycles.

La science à priori nous apparaît ainsi comme un édifice majestueux, dont toutes les parties se correspondent et sont construites sur un même plan.

CHAPITRE IV

Schèmes et machine logiques.

Les formes fondamentales logiques et mathématiques peuvent être exprimées par des notations graphiques et des schèmes. On arrive ainsi à la langue universelle. Elle n'est plus un art, un instrument, c'est la science de l'harmonie ou accord des sons (abstraitement période de nombres) et des formes les plus simples avec les choses concrètes.

Schème universel.

Les considérations qui précèdent amènent une théorie de l'espace par laquelle il devient un symbole universel et l'origine de tous les symboles.

Cela consiste à regarder l'espace comme produit par un pivot rectiligne indéfini qui est la première ou la troisième des dimensions. De chaque point de ce pivot naît un plan transversal que l'on peut regarder comme engendré par les deux autres dimensions. Ces dimensions se succèdent perpendiculairement, ou sont combinées dans l'évolution circulaire.

(On peut aussi supposer chaque plan comme composé de rayons successifs à centres contigus sur l'axe et formant des angles infiniments petits, égaux entr'eux. Ils tracent une hélice à rayon et à pas infiniment petit sur l'axe, et forment un hélicoïde qui se transforme en plan, si l'on fait abstraction du facteur indéfini. Ces rayons peuvent être considérés comme ayant d'abord été indépendants entr'eux).

On considère chacun de ces plans comme pouvant tourner autour du pivot soit indépendamment les uns des autres, soit étant liés les uns aux autres. Il peut y avoir un plan fixe, les autres tournant au-dessus de lui.

L'espace entier peut ainsi tourner sur ce pivot ; à chaque position des plans, un point placé sur la même verticale, est censé être le même point répété.

Si l'on prend un point de l'axe, on pourra supposer taillée dans ces plans une sphère formée autour de ce point. Cette sphère sera composée de cercles limités, les rayons variant de l'un à l'autre. Elle sera l'image réduite de l'espace.

Cette sphère peut être altérée ; au lieu d'une sphère, on peut avoir tout solide de révolution.

On peut aussi supposer plusieurs pivots et plusieurs sphères, ou solides et indépendants les uns des autres, ou plus ou moins liés entr'eux, et encore des sphères s'enveloppant les unes dans les autres.

Ce schême universel est extrêmement fécond. Un volume ne sufisait pas pour développer tout ce qu'il contient. N'insistons que sur les points principaux.

On oppose le pivot aux systèmes coordonnées formant les plans transversaux. Ceux-ci forment chacun un système cyclique. Le pivot est en lui-même indéterminé, il est purement linéaire. Il représente donc le facteur indéfini et par cela même est une quantité transcendante.

Si l'on distingue dans le pivot une origine, on peut supposer que le plan transverse fixe n'est qu'une émanation du pivot ; la distance du plan à l'origine déterminant la distance des points sur ce plan lui-même. L'axe de l'espace est donc alors comme la source de la transcendance.

Si nous arrivons à la mécanique, les trois dimensions

de l'espace ne sont plus que des dépendances d'une quatrième dimension qui est le temps, et qui devient la dimension fondamentale. Or le temps est absolument linéaire, il n'a qu'une dimension et il est indéfini. Cela est admirablement représenté par ce pivot indéfini et rectiligne. Là aussi est l'origine de la méthode des plans cotés.

L'axe est illimité, le temps a la même transcendance, il supprime toutes les limites des connexions. Toute forme est limitée, mais il est en elle ou en dehors d'elle une puissance qui tend à supprimer ses limites, pour s'élever à une forme supérieure ; c'est dans le temps que cette force produit son effet.

Le temps ou l'axe de l'espace est le sceptre de la puissance.

Et cette puissance agit instant par instant. Elle intègre tout, mais par des différentiations infiniment petites. De même la géométrie marche pas à pas. La méthode s'avance par degrés, du simple au composé. Il y a des changements brusques dans la nature. Mais ils sont préparés par une évolution, série de changements dont chacun est très-petit discontinu ou continu.

L'INSTRUMENT UNIVERSEL GÉOMÉTRIQUE.

Du schème universel de l'espace et du principe que l'addition perpendiculaire et l'évolution angulaire parviennent au même point, se déduit un instrument universel géométrique pour la mesure et le tracé des figures.

Supposez le pivot fixe, pouvant donner naissance à des plans transversaux. Soit un premier plan transversal fixe. Ce plan sera quadrillé (les lignes parallèles étant posées à la distance d'un millimètre) et numéroté sur les axes. On choisira une unité convenable, un décimètre par ex. et l'on tracera le cercle de l'unité. On pourra indiquer aussi, si c'est utile, la quantité e et la quantité π sur l'axe des x. Ce plan servira surtout à la mesure. Il peut être remplacé par deux règles perpendiculaires se mouvant l'une sur l'autre. Au-dessus sera un autre plan transparent sur lequel les figures pourront être construites, il pourra tourner autour du pivot, ou mieux on aura un plan quadrillé absolument mobile. Au-dessus on ajoutera l'instrument que voici. Il sera formé du cercle de l'unité dont le contour est solide, relié au centre, et tournant sur le pivot. On ajoutera tournant aussi sur le pivot, une ou plusieurs alidades ou règles numérotées plus ou moins indépendantes. Chacune de ces alidades aura un curseur avec une pointe traçante pouvant se mouvoir ou être fixé à volonté. On aura donc le mouvement cyclique de l'alidade sur le pivot et le mouvement de translation du curseur.

On pourra avoir plusieurs curseurs, plusieurs alidades ; même le curseur peut devenir le pivot d'une nouvelle alidade et ainsi de suite.

Cet instrument comprend évidemment la règle et le compas.

On pourrait y joindre des rubans mobiles se déroulant d'après certaines lois, pour tracer des spirales par ex., on peut obtenir que le mouvement du curseur, soit fonction du mouvement de révolution et vice-versa. C'est l'objet des inventions de M. Stamm, ce qu'il nomme *automatique pure*. Les alidades, où le curseur est un pivot, réalisent les conceptions de Peaucellier, des courbes tracées par des systèmes articulés, systèmes qu'on étudie de plus en plus.

Les cercles roulant les uns sur les autres, les alidades mobiles font passer aux conceptions de Raymond Lulle et de Trithème dans sa polygraphie. C'est déjà une machine logique. Mais nous en avons maintenant une bien supérieure.

Machine logique.

Les conceptions indiquées ci-dessus nous permettent de construire une machine logique.

M. Stanley Jevons a imaginé une pareille machine, très-ingénieuse. Renvoyons à ce sujet à ses *Principles of sciences*, ou au livre des *logiciens anglais* de M. Liard. Sans lui, nous n'aurions pas songé à une pareille invention, qui amène des conceptions supérieures sur la nature de la logique et du raisonnement. Car ici la logique, l'algèbre, la géométrie, la mécanique ne forment qu'un seul tout et trouvent leur synthèse. Nous devons donc beaucoup à M. Stanley Jevons. Si pourtant quelqu'un faisait un poème sur la logique, nous ne pourrions probablement le suivre sur ce terrain.

Nous avons obtenu plus haut des compréhensions avec puissance extensive. Supposons plusieurs de ces compréhensions réunies ensemble et dans un seul sujet.

La compréhension totale formera une sorte de cycle figuré par un cercle dont chaque secteur est une des compréhensions partielles, ce qui nous ramène aux divisoires cycliques.

L'extension supposée indéfinie sera figurée par l'angle indéfiniment prolongé des rayons qui limitent chaque secteur. Le point centre du cercle figure l'unité qui concentre ces compréhensions, et d'où naît la puissance extensive telle que l'esprit chez l'homme, on aura ainsi le symbole.

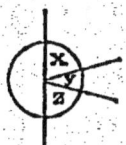

Nous y voyons le point, le cycle et l'angle.

Le cycle donne la compréhension et l'immanence.

L'angle est essentiellement indéfini et transcendant. Il participe de la droite indéfinie dont il est une extension limitée. La différentiation se fait au point, l'intégration emploie les angles.

Les qualités extensives deviennent des secteurs circulaires, et leur extension des angles pouvant être variables.

Soit une notion, supposons son extension logique abstraite d'abord indéterminée, puis ayant diverses déterminations.

Elle sera figurée par un angle variable pouvant se réduire à une droite ou pouvant comprendre une partie du cercle ou même le cercle entier.

Il a des côtés indéfinis, mais sa réalisation concrète exige des côtés limités.

Ces angles variables, si les côtés sont limités et égaux, sont semblables à des éventails qui se déplient et se replient à volonté. Appelons-les des éventails.

Remplaçons dans l'instrument géométrique universel les alidades par ces éventails.

Supposons placé sur le pivot fixe un éventail, de manière à pouvoir se déplier librement, il figurera à merveille la notion à extension variable. Plié, ce sera la notion nulle ou mieux à l'état virtuel; se dépliant, la notion ayant une extension de plus en plus grande.

Quant à l'extension négative non a, elle sera figurée par la partie du cercle que l'éventail ne recouvre pas. La somme des extensions affirmative et négative comprend la circonférence.

Soit une 2e notion, b figurée par un 2e éventail, fixé au-dessus du 1er. Si elle est réciproque à la 1re le 2e éventail sera superposé au 1er de sorte que les bords coïncident.

Si elle est contradictoire on la placera de sorte qu'il recouvre tout le vide laissé par la 1re, les bords encore superposés exactement. Si elle est contraire, l'éventail ne recouvrira qu'une partie de l'espace vide et sa projection par des traits verticaux sera comprise dans ce vide. Si elle est incluse dans la 1re, il sera au-dessus de la 2e mais n'en recouvrira qu'une partie. Si les notions ont des termes communs, ces termes communs seront superposés, les termes propres à chacune n'auront rien au-dessus ou au-dessous d'eux.

Si le 2e éventail est plus court que le 1er dans les cas de superposition totale ou partielle leurs rapports apparaîtront nettement. S'il y a indétermination, l'éventail sera plié, mobile et nullement fixé.

Ce qui a lieu pour le 2e éventail peut avoir lieu pour un 3$_e$, un 4e et ainsi de suite.

La manière de fixer les éventails les uns aux autres peut avoir lieu de plusieurs façons. Il y a lieu de revenir là-dessus.

Dans cette appareil la superposition exacte figure l'identité ou la réciprocité logique.

La longueur des rayons est indifférente en soi. Mais si

on y tenait, on pourrait par une marque distinguer la compréhension et l'extension concrètes.

Nous avons donné à la représentation de la notion variable la forme d'un éventail dont tous les rayons sont liés entre eux. Mais une plus grande exactitude demande que chaque notion soit composée de rayons indépendants, pouvant former des angles, des synthèses partielles séparées par des intervalles vides. De cette conception s'ensuit la machine de M. Stanley Jevons, sauf le mécanisme intérieur, que je ne connais pas encore.

Notre machine peut représenter la plus grande partie des relations et formes logiques.

Elle n'est pas difficile à construire, d'une façon soignée ; mais pratiquement avec une aiguille à tricoter pour le pivot, assujetie à un bouchon coupé aux deux tiers, et des éventails faits avec des papiers plissés, de couleurs différentes si c'est possible, on la réalise suffisamment. On a ainsi une machine simple, dont les éléments sont partout, qui est presque un joujou, où l'immense majorité des formes logiques peut être étudiée, dont dérivent même la plupart des mécanismes, où tout est à découvert, où l'on ne fait que les éliminations qu'on veut et où toutes les opérations sont visibles et laissent leurs traces.

Ces résultats ne peuvent que nous encourager à perfectionner cet appareil.

(Il exprimerait, il est vrai, imparfaitement le cas, où les compréhensions forment un système cyclique ; alors on peut le modifier. Supposons les éventails bornés à leurs contours, et l'appareil prenant la forme d'une sphère, les cercles dans lesquels se déplient les éventails pouvant tourner autour de l'axe des y dans le cercle équatorial. Arrêtant chacun d'eux obliquement on aurait un cercle analogue à celui de l'écliptique. On aurait alors le pôle des extensions, celui qui réunit les méridiens, et le pôle des compréhensions placé sur l'axe transverse y du cercle équatorial. Mais cette conception nous paraît secondaire).

Vues de l'appareil :

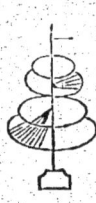 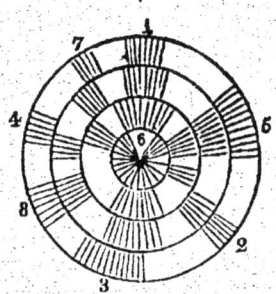

1. Barbara. — 2. Celarent. — 3. Darii. — 4. Ferio. — 5. Inverse de Barbara. — 6. Contradictoire, négatives. — 7. Série de contraires, escalier hélicoïde. — 8. Réciproques ou identiques.

Cet appareil permet de représenter toutes les formes logiques. Passons-les rapidement en revue.

Les longueurs des rayons étant indifférentes en soi, nous pouvons supposer que l'ensemble ait la forme d'un cylindre (c'est la forme normale), ou d'un cône, ou d'une sphère, ou de toute autre figure de révolution, ou d'un hélicoïde.

Chaque cercle représente une divisoire totale sylleptique, un angle limité représente donc une divisoire partielle.

Séries. Supposons que les termes soient des divisoires partielles. Pour qu'il y ait séries entr'elles, il suffit que ces termes passant par le même trait ou plan vertical, les traits qui comprennent de chaque côté les extrémités de ces termes, soient ou verticaux, ou inclinés, celui de gauche vers la gauche, celui de droite vers la droite, l'un d'eux pouvant d'ailleurs être vertical. La série s'exprimera donc graphiquement par un trait s'élargissant de plus en plus vers le bas. Les arbres et les fleuves ainsi, minces vers le haut, s'élargissent de plus en plus.

Le trait incliné par lequel nous représentons la série n'est donc que ce schème réduit à sa plus simple expression. Il peut représenter aussi un cours d'eau suivant une pente.

Ce trait peut encore être assimilé à un faisceau de lumière.

Groupement. Le groupement peut être représenté de plusieurs façons. Soit par un trait ou deux traits absolument verticaux, soit par le rayon même qui tient au pivot, si on ne considère pas la distinction de la compréhension et de l'extension. Pour les points d'un même plan vertical passant par le pivot, sont alors groupés entr'eux.

On les représente encore par des termes indépendants de l'appareil et indépendants entr'eux, puisque le terme de l'appareil jouant le rôle de terme abstrait, comme nous avons vu pour la conception des fonctions logiques. L'appareil devrait pour ce cas être convenablement modifié.

Faisceaux. Nous y viendrons tout à l'heure.

Collection. C'est ici le point délicat. La collection ne peut avoir lieu dans le sens horizontal puisque les termes alors sont contraires entr'eux. Elle ne peut avoir lieu que dans le sens vertical, mais alors il y a groupement.

On lève la difficulté en considérant que les divers cercles superposés peuvent être ou liés les uns aux autres ou indépendants, les termes de même peuvent être liés ou indépendants.

Si les cercles ou angles sont liés, la superposition ne

donne lieu qu'à des groupements ; mais s'ils sont indépendants, la collection peut les lier. La collection est donc essentiellement un lien. Il y a deux liens. Le lien dans le sens horizontal produit la contrariété et forme les divisoires ; le lien dans le sens vertical est la collection et produit le groupement, la réciprocité, la série.

La recollection s'opère en remontant.

Enthymématiques. C'est un terme de la collection pris à part. Mais cette enthymême est un antécédent ; on peut donc le remonter le long de l'axe transverse et le mettre en avant en évidence ou bien même le placer sur le pivot.

Termes mixtes. Les collections à termes mixtes peuvent être assimilées à des collections prises divisoirement avec groupes. Ceux-ci seront des réciproques.

Réciproques. Les réciproques sont représentées par des portions de plans horizontaux comprises entre deux plans verticaux passant par l'axe.

Négations. La contradiction s'y voit de même que la contrariété, ainsi que nous l'avons expliqué. On y exprime très-bien les séries de contradictions et de contrariétés qui servent à résoudre le syllogisme.

On y voit les réversions, les cas d'indétermination, l'opposition et la conversion des propositions, le théorème de la compréhension inverse de l'extension, on y voit les deux règles de réduction que nous avons posées. De même les conclusions ingénieuses de Morgan employant la plupart des x. Dans le cas où il y a des contrariétés sériées, produisant l'indétermination, l'appareil forme une sorte d'escalier, qui devenant uniforme, se change en un hélicoïde. Cela nous rappelle l'hélicoïde et les nappes de Riemann. Des couleurs différentes peuvent rendre ces rapports plus saisissables.

Le détail de tout cela serait immense. Nous ne pouvons nullement y insister ici.

Ces relations supposées projetées sur le plan horizontal, à une moindre échelle, forment une notation spéciale de la syllogistique. Nous en avons donné ci-dessus un exemple, en traitant de la deuxième règle de réduction, la seule employée d'ailleurs, dans la théorie des modes et figures du syllogisme. Voyez la sixième méthode.

Contrariétés unilatérales et non collections. Si on donne à l'appareil la forme d'une sphère, la contrariété unilatérale existera en posant deux demi méridiens, ou si l'on veut un méridien complet, comme le champ où sont contenus les termes distribués indéterminément entre eux, de façon que chacun des demi-méridiens ait au moins un terme.

La contrariété unilatérale est un cycle qui s'assimile à *o*, mais les parties de ce cycle sont valables. — Si l'on prend les termes comme ajoutés divisoirement, il suffit que l'ensemble fasse le tour de l'appareil pour pouvoir être assimilé à *o*. Les contrariétés peuvent être mises sous forme de boucles ou de cycles.

A certains égards l'addition divisoire peut être prise pour la collection.

Faisceaux et divisoires. Il y a lieu de rapprocher les systèmes de faisceaux des systèmes de divisoires, ceux-ci exprimant les premières. On y arrive par le théorème suivant :

Les systèmes de faisceaux peuvent être transformés par des réversions en divisoires totales ou partielles.

Soit la chaîne des centres :

$$\begin{array}{cccc} a_| & c_| & e_| \\ A & C & E & K \\ B & D & F \\ b_| & d_| & f_| \end{array}$$

Avec les fascicules antécédents et conséquents de chaque centre.

Révertissant le fascicule conséquent B b nous aurons la série $\mid b\diagdown\mid$ B mais $\mid$ B est contraire à A nous pouvons donc écrire :

$$A \begin{array}{c} \mid b \\ \mid B \end{array}$$

$\mid$ B étant censé divisoire partielle antécédente de $\mid$ B. Ce que nous faisons pour le centre B, nous le ferons pour les centres C, F, les fascicules antécédents de A, C, E d'ailleurs n'ont rien à changer, et nous écrirons au lieu de la chaîne ci-dessus, la divisoire partielle.

$$\begin{array}{cccc} a\mid & \mid b & c\mid & \mid d \\ A & \mid B & C & \mid D \end{array}$$

Si la chaîne est un cycle on revient au premier terme, on a une divisoire totale ou cyclique.

Rattachons à ceci l'explication de syllogisme figuré par un triangle.

C'est là, il nous semble, un des plus beaux théorèmes de la logique.

Divisoires. Il est évident qu'ils s'expriment par ce système. Elles y prennent la forme cyclique.

Les collections sont des sortes de divisoires ; mais il y a pour elles un schème plus simple, dérivé de celui-ci, celui des connexions enchevêtrées ; nous y reviendrons ci-après.

Les relations entre les modes, les aliatives, partitives, restrictives, exceptives sont des combinaisons de divisoires. La restriction est immanente, l'exception source de transcendance.

Les combinaisons de divisoires s'expriment par des cercles ou portions de cercles pouvant tourner librement les uns sur les autres et se superposer diversement.

On peut aussi supposer ces cercles formés de rayons indépendants dont la disposition est variable. On mène des uns aux autres des traits réunis par un centre hypothétique.

Dans le cas où les divisoires sont cycliques, ce centre hypothétique est sur le pivot.

Quant aux genres, on s'attache plutôt à la compréhension abstraite dans les sciences à priori, et à l'extension dans les sciences expérimentales.

Fonctions logiques. Les schèmes des fonctions logiques que nous avons vus, peuvent aussi se rattacher à cet appareil. Les déterminants abstraits des fonctions logiques forment une sorte de divisoire.

On a même ici l'origine de la notation sérielle continue. La suite des rayons de chaque éventail fait avec du papier plissé, forme comme une succession de montagnes et de vallées. Or chaque terme concret peut être censé placé dans le creux de la vallée. La notation que nous avons employée peut être censée une coupe d'un pareil système. On voit comme on va vers le concret.

Il en est de même pour la notation en forme d'arbre. Le pivot est déjà comme une tige. De lui naîtraient des branches et des rameaux rangés horizontalement comme dans les cèdres, et dont les extrémités aboutiraient aux termes concrets. Ainsi toutes ces représentations concordent.

Les relations fonctionnelles sont ici celles qui naissent des rapports entre les éléments constants ou variables des cercles. Les principales sont le groupement, l'identité, la négation (ces deux-là se rattachent aux liens) et la permutabilité, celle-ci vient de l'indépendance des éléments des cercles.

Modales. Elles sont figurées par les liens qui unissent les éléments ou par leur indépendance. Le lien, avons nous vu, est de deux sortes, c'est ou un lien de collection unissant les termes verticalement, ou un lien d'opposition unissant les termes horizontalement. Ce qu'il y a de curieux, c'est que le deuxième lien résulte du premier. En effet l'opposition qui fait juste un tour de l'appareil produit la collection et la réciprocité. A $+$ non A est impossible, si on le prend comme collection, mais si ces deux termes sont ajoutés divisoirement, il s'opère un cycle, et ce cycle est suppressible. Si on suppose un élément indéfini associé à un tel cycle dans le sens vertical de la gravitation on a une hélice, ou dans le cas général, une spirale dans l'espace. Et cette spirale est le symbole de la logique ou du raisonnement. Déjà la spirale est le symbole de la puissance mathématique et de la puissance mécanique.

Le serpent qui étreint sa proie, le lien qui relient le bouquet ou la gerbe, la liane qui enlace l'arbre, sont des images de cette puissance logique.

Si on prend le bouquet ou la gerbe on y voit une image du raisonnement, des formes logiques et des catégories premières. Chaque atôme est une unité. Chaque tige avec sa fleur ou son épi est une collection ; les tiges distinctes sont indépendantes, c'est l'opposition, et le lien est le rapport de dépendance.

Mais il y a deux rapports transverses l'un à l'autre, la collection dans le sens vertical, l'opposition dans le sens horizontal. Comment expliquer cela ?

Supposons des centres d'attraction indépendants, dont chacun est principe d'une série, ils s'organiseront ainsi : On peut encore supposer que les éléments étant rangés par files à peu près verticales, des forces parallèles viennent en sens inverse à agir sur eux. Il y aura des rangées verticales d'éléments séparées par ces forces, semblables à des barres de divisoires.

Le lien hélicoïde produit l'aggrégation verticale. L'indépendance horizontale s'expliquerait par un ressort. Les tiges, remarquons les, sont terminées par des fruits qui prennent une forme dérivée de la sphère, ou par des fleurs épanouies dont le plus gracieux exemple est la rose. Cela nous servira tantôt.

Les rayons étant indépendants, on se demande comment le lien peut être réalisé ? D'abord les rayons sont de longueur variables. Ils peuvent être terminés de plusieurs manières, par exemple ils seront terminés par des anneaux vides ; si ces anneaux ont une position oblique, des tiges verticales pourront former un lien et les fixer, de même des tiges courbes horizontales.

Si les rayons sont terminés simplement, on pourra former le lien soit dans le sens horizontal, soit dans le sens vertical par un simple fil faisant quelques tours en spirale autour de chaque rayon ; on trouverait d'autres moyens.

A ce sujet se rapportent les *conséquences complexes*, les *non-conséquences* les notions *compatibles* ; le cas des divisoires où la contrariété n'est pas prise enthymématiquement.

Mais n'insistons pas, car c'est surtout sur ce point que nos études ne sont pas terminées.

Les traits continus d'un terme à un autre, ayant la forme d'un oblique, représentent une relation complexe que l'on peut décomposer en deux ou trois coordonnées.

Cet appareil permet de représenter les relations dérivées des catégories premières par de simples rapports de position. Le sens vertical est celui de la collection, le sens horizontal celui de la négation, et en quelque sorte réciproques entre elles. La dépendance est donc représentée par l'oblique qui naît du lien hélicoïdal.

Le signe — que nous employons souvent pour désigner l'inhérence ou l'affirmation n'est qu'une représentation partielle de ce lien, de ce contour, dont la nature nous donne des exemples si variés.

Syllogismes. Toutes les méthodes du syllogisme reviennent à celle-ci qui emploie la machine logique. La méthode par les triangles en effet qui exprime le syllogisme n'est que la projection de l'hélice du raisonnement sur un plan tangent.

La quantification du prédicat a lieu quant à l'extension abstraite, non à la compréhension.

La différence du général au particulier est celle de la contradiction à la contrariété, de la négation à l'affirmation, du cycle à la série simple, de la série au groupement.

Algèbre. La somme et le produit sont représentés par l'addition des divisoires et la combinaison des termes. L'algèbre n'étudie que des sommes de produit.

La spirale avec rayon recteurs à angles égaux symbolise les puissances.

La représentation des fonctions algébriques dès lors est possible. Mais cela demande encore à être étudié.

Si l'on met l'appareil sous forme sphérique, on y voit les 3 pivots, zéro, l'unité, l'infini.

La formule qui résume les mathématiques a sensiblement la forme sphérique, le 2e membre représente une divisoire, ceux qui suivent arrivent à des angles.

Géométrie. Il est superflu de s'y arrêter.

Il y a deux schèmes subsidiaires qui sont tirés du schème universel et qui lui viennent en aide.

Le 1er est celui d'un plan avec connexion enchevêtrées.

On l'explique par la superposition de deux ou plusieurs surfaces mobiles l'une sur l'autre. Ces surfaces peuvent être soit des plans tournant sur le pivot, soit deux enveloppes de sphères concentriques mobiles les unes sur les autres.

Le 2 schème est le schème dans l'espace.

Supposons deux sphères placées à certaine distance l'une de l'autre, mobiles, dépendantes l'une de l'autre pour leurs positions et leur mouvement. Les forces qui les font mouvoir sont symbolisées par une courroie qui les enlace (qui est comme un spirale à spires contigues), et par un ressort spiral qui est entr'elles.

Le ressort symbolise l'attraction et la répulsion ou forces centrales et la courroie les forces tangentielles.

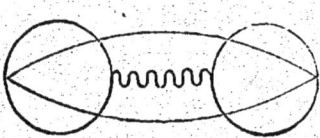

On peut avoir ainsi plusieurs sphères liées deux à deux.

Ces trois schémas représentent la compréhension, l'extension et la synthèse concrètes. Les catégories moyennes sont représentées par eux.

Mécanique. Les diverses machines simples dérivent de cet appareil. Le tour et le levier sont le pivot avec un axe ou un cercle transverse tournant sur lui et point d'application des résistances et des puissances; Le plan incliné est donné par la sphère avec cercles obliques.

Si l'on suppose plusieurs de ces appareils dépendant les uns des autres, on a tous les mécanismes, mêmes les machines à vapeur, si l'on assimile les gaz aux solides.

Voyez la cinématique de M. Reuleaux.

Physique. Les agents physiques ou plutôt les mouvements éthérés, ont ici des représentations.

Le sens vertical représente la gravitation, le sens oblique le magnétisme et l'électricité, ce qui fait penser aux solénoïdes, le sens horizontal la chaleur, la lumière, l'expension.

De plus les opérations logiques séries, divisoires, faisceaux, etc., s'assimilent à ces mouvements, à ces fonctions de la nature.

Ces opérations d'abord, si froides, si abstraites, deviennent sensibles, s'animent sous nos yeux et prennent vie. La logique n'est plus une science aride; elle arrive à la poésie elle-même.

Astronomie. Évidemment elle s'exprime par le 2e schème subsidiaire, le schème dans l'espace.

Organique. Le corps organique est une agglomération des sphères. D'ailleurs, les différentiations organiques sortent de la différentiation de la sphère. Il y a lieu donc de considérer dans l'appareil, les rayons comme composés de petites sphères.

Psychologie. Il y a dans l'âme comme 3 régions, quant à ses relations avec les objets externes, la région de la *réception* des influences externes, où domine l'intelligence; celle de la *transformation*, purement interne, à laquelle les trois puissances de l'esprit, semble-t-il, prennent part; et celle de la *réaction* où règne la volonté. Tout cela peut être figuré par des schèmes empruntés au schème universel.

Science sociale.

Nous avons aussi des schêmes pour représenter les actions sociales.

L'extension est ici une puissance qui a la compréhension pour instrument.

Supposons les individus représentés par des points, et leur activités ou régions d'extension par des connexions autour de ces points.

1er Cas. *Activités isolées*. On le figure par des aires isolées, sans points communs.

2e Cas. *Empiètement, lutte*. Aires enchevêtrées.

3e Cas. La lutte peut finir par l'établissement de connexions toutes différentes les unes des autres, mais laissant entr'elles le moins de vide possible.

Une 1re solution a lieu en établissant des carrés chaque carré limitant l'action.

C'est le cas le plus simple et régulier, que l'autorité établit d'abord et qui peut s'établir aussi par contrat.

Mais ces activités sont limitées, quoique les tendances des des individus soient illimitées.

Rangeant les centres selon une droite, les limites peuvent être des perpendiculaires rectilignes et parallèles; mais quoique indéfinies les régions d'activité sont de largeur constante; on a ainsi un symbole semblable à celui des divisoires.

Mais il y a mieux que cela. Ces activités peuvent être indéfinies et s'accroître sans cesse.

Il y a lieu de ranger les centres autour d'un seul et de former un cycle; les régions d'activités seront des angles.

Poursuivant ces applications on aura des symboles de la production, de la circulation et de l'usage.

La production et l'usage seront figurés par deux plans ou plateaux placés sur l'axe. La production est spéciale et indéfinie pour chaque individu, on la figurera comme ci-dessus par des angles rayonnants autour d'un centre.

Voyons l'usage. La production a deux buts; on distingue 1° celle d'objets appropriés. 2° celle d'objets communs à tous. Celle-ci est la plus facile à représenter, ce sera la région la plus éloignée du centre, ou une suite de plateaux dont la surface est indivisible.

Quant aux objets appropriés la représentation est plus complexe et donne lieu à l'idée de la circulation, on aura donc la couronne de la répartition divisée en autant de secteurs qu'il y a d'individus, conformément à la tendance des choses on pourra supposer que tous les objets de la production sont distribués à chaque individu. Cette opération ne peut avoir lieu que par des partitions dans le plateau de la production et des échanges.

On peut l'exprimer de deux façons. Dans la 2e, les produits sont une suite de cercles concentriques. Dès lors la répartition schématique se fait toute seule.

Signes et beaux-arts

Joignons à ceci les schèmes que nous avons vu dans la première partie, les schèmes du langage phonétique, consonnes et voyelles, le cercle chromatique des couleurs, les schèmes des sons musicaux, du tempérament.

Nous ne poursuivons pas plus loin ces applications quoi qu'il puisse y avoir des schèmes métaphysiques intéressants.

La déduction et l'induction composent l'ensemble de la logique. Elles ont plus d'extension qu'il ne semble. L'induction est la méthode des temps modernes ; la déduction est méthode de ceux qui les ont précédés. Une opération les concentre et les réunit, à ces deux méthodes. Si sur l'appareil, mis sous forme d'une sphère on trace une spirale qui va d'un pôle à l'autre, cette sphère représentera la déduction unie à l'induction.

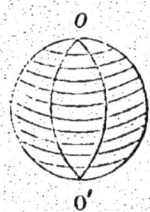

Le sphère est l'induction; la spirale est la déduction qui opère par négation et par affirmation; les termes réciproques sont placés sur un même demi-méridien.

De cette conception naissent donc une multitude de schèmes; ceux-ci réduits à leur plus simple expression, de façon à ce qu'ils se distinguent aisément les uns des autres, viennent enrichir la langue universelle.

Les signes de la logique, des mathématiques, tous ceux même du langage graphique en dérivent. Les signes mathématiques sont pour la plupart justifiés par la logique.

L'on pourrait même construire l'appareil ci-dessus avec des pièces distinctes réunies les unes aux autres, qui, détachées donneraient les signes de la logique, et ceux du langage graphique.

Cet appareil est donc comme un arbre qui contiendrait en lui la langue universelle.

On peut avoir maintenant une idée de la logique de sa grandeur, de son inexprimable beauté. Elle s'accroît immensément, et demande peut-être des logiciens spécialistes. Qu'importe si les mathématiques sont par cela même diminuées et simplifiées !

Le systèmes divers de Platon, d'Aristote, de Raymond Lulle, de Bacon, de Boole, de M. Stanley Jevons, d'autres peut-être qui nous sont inconnus, viennent s'y joindre. Ce sont comme les étages, ce sont comme les harmoniques grandioses de la science.

Au lieu de refuter il vaut mieux annexer. L'éloge du système de Boole est dans ce fait, qu'il est presque en entier, une partie de la science.

Ces divers systèmes sont comme des fleuves qui se joignent à l'Océan. La vérité est comme l'Océan ou un lac immense où chaque science vient successivement puiser les diverses natures de la qualité.

Un premier seau ramène la quantité, un 2e la géométrie, un 3e la mécanique; etc. mais comment obtenir la vérité métaphysique ?

La logique, reprise sur d'autres bases ouvre de nouvelles voies à la métaphysique ou du moins en présente les problèmes sous de nouvelles faces. On se demande si l'être n'a pas une existence substantielle et une existence formelle. L'existence formelle est riche et variée ; mais cet avantage n'est obtenu qu'au prix de la limitation qui est la source du mal ici-bas. Disparait-il devant les résultats de l'activité ?

L'être tend à la puissance 1re. La puissance 1re illimitée en elle-même est la source d'actes limités. Y a-t-il un acte, une forme adéquate à la puissance ? La puissance 1re est-elle intelligente ? L'intelligence est puissance de représentation, mais toute représentation est limitée parce qu'elle est acte. Cela fait-il obstacle à la puissance? La limitation se montre aussi dans le système des alternatives imposées à la volonté.

Pourquoi ces alternatives ?

La théorie des connexions nous montre que les limites existent sans l'objet, mais qu'il peut, avoir dans le sujet une puissance transcendante, qui à certain égards, supprime les négations des contours, et en franchit les limites.

Ces problèmes, nous les posons, nous ne les résolvons pas. Mais on voit comment la logique, reprise à nouveau peut changer la métaphysique. Nous nous arrêtons au seuil de la métaphysique. Nous n'avons pas même besoin d'entreprendre la critique de la raison; quoique pour cela la reconnaissance du principe transcendant dans la pensée puisse nous venir en aide.

La logique donne aussi les moyens d'abréger le temps. C'est là un des besoins du siècle. On cherche à faire bien et vite et l'on atteint souvent les deux buts à la fois.

L'immensité des objets qu'elle présente à nos recherches, sans doute nous décourage parfois ; mais les mathématiques sont plus vastes encore. Et puis, grâce à l'induction, tous ces résultats plus tard seront probablement simplifiés.

Qu'on y travaille donc avec courage, ayant dans la pensée l'idéal le plus élevé que l'on puisse concevoir; et elle donnera les fruits les plus merveilleux.

Que le plus grand nombre possible d'esprits y travaille et elle sera un des plus puissants instrument de la civilisation, elle contribuera à réaliser l'immense et magnifique idéal que l'humanité entière pourra un jour contempler. Les esprits seront conciliés dans une même doctrine. La langue universelle unira tous les peuples.

La logique jette un jour éclatant sur toutes les parties de la science. Car la logique est la lumière !

Elle nous mène plus loin, à la métaphysique. Déjà elle se colore de cette splendeur céleste dont nos yeux avides cherchent la source dans les plus sublimes régions, dans cet idéal suprême qui se nomme Dieu.

Elle a donc autant de droit à l'attention de la science positive qui marche pas à pas qu'à celle de la spéculation métaphysique qui s'élance vers les plus hautes sphères de la pensée.

CHAPITRE V

Matière, esprit, civilisation.

Cette partie quoique assez développée dans notre travail, sera ici résumée très succinctement.

Après une récapitulation des résultats acquis, que nous tâchons de rendre accessible à tous, nous appliquons nos idées à la connaissance positive de la matière de l'esprit de la civilisation.

MATIÈRE.

Un premier regard jeté sur le monde physique, ou tourné vers le ciel, nous en montre la grandeur ; cette grandeur est augmentée, si nous armons nos yeux du microscope, si par le calcul plus puissant encore nous atteignons les distances qui séparent les atomes.

Et cette immensité se déroule dans le temps comme dans l'espace.

Mais cette grandeur est dominée par celle de l'esprit. Après Archimède, nous essayons de montrer que l'étendue de l'univers, atteint par la vue ou le raisonnement, peut être exprimée, grâce à la conception de la puissance mathématique, par un petit nombre de chiffres, 4 chiffres suffisent, et si l'on emploie les myriades d'Archimède, on n'a plus besoin que de deux chiffres ou de deux traits.

Néanmoins cette grandeur est pour nous un commencement de délivrance, des étroites limites, qui trop souvent nous sont imposées sur la terre. La terre immense pour l'ignorance, est vraiment petite devant la science.

Le monde matériel est un ensemble de séries, de cycles, d'harmoniques. Prenons les trois principes fondamentaux de la mécanique.

Le premier (Le mouvement a lieu en ligne droite) pose une *série*.

Le deuxième (L'action est égale à la réaction) pose un *cycle*.

Le troisième (Les forces sont indépendantes entre elles quant à leurs effets) pose une addition et par suite la possibilité des *harmoniques*.

Il est le principe des intégrations concrètes, le berceau de l'évolution.

Nous tâchons de rechercher les antécédents du monde physique. C'est une application de la logique. Car la logique apprend non-seulement à conclure d'un antécédent à ses conséquents, mais encore de passer d'un antécédent à un autre, de remonter des conséquents aux antécédents.

Nous obtenons ainsi : la séparation de la matière première en harmoniques, la divisoire de chacune de ces harmoniques, et la combinaison de ces parties entre elles. Ici les opérations analytiques de la logique s'appliquent et se concrètent. C'est la logique en action.

Cela se résume ainsi :

Matière subtile, perte du mouvement par accès. Impondérables, pondérables. Fractions indépendantes, combinaisons, mixtes produits des combinaisons. Cycles, balancement premier cycle. Pivots de stabilité, synthèse des opposés, corps puissances, transformations. Corps organiques, systèmes de cycles. Le grand produit le petit, représentation.

Nous essayons ensuite de montrer comment on peut étudier la formation des organismes selon les idées de Lamarck et de Darwin, mais seulement au point de vue de la logique, sans toucher à la métaphysique. Ici la théorie des connexions nous vient en aide.

Le point de départ des organismes est la sphère creuse, souvent avec ouverture. C'est la cellule organique. Cette constitution peut provenir d'actions centrales ou tangentielles. Puis sous l'influence des forces externes (ou même internes) on étudie comment elles peuvent s'agréger, se différentier. Mais cette étude chez nous n'est que commencée.

Le tout aboutit à la représentation inconsciente. Le corps humain représente le monde, le cerveau concentre le corps humain, une cellule est peut-être le centre du cerveau. Mais il n'y a pas là une unité parfaite. Le multiple est représenté par un multiple plus simple. Pour passer de la représentation inconsciente à la représentation consciente il y a un saut, un abîme ; c'est là un passage vraiment transcendant.

L'immanence domine dans la nature. La transcendance

pourrait exister par les harmoniques. Mais la série de ces harmoniques est-elle vraiment indéfinie? Elle a peut-être une limite. Peut-être forme-t-elle un cycle beaucoup plus étendu. La transcendance n'est donc pas certaine dans la nature.

L'ESPRIT.

L'esprit est la représentation consciente : c'est la subordination du multiple à l'un, et l'union la plus intime peut-être qui puisse exister entre eux.

Il y a dans l'objet de l'esprit des séries, des cycles, des harmoniques. Mais de plus il y a dans la pensée la conception d'un principe absolument transcendant. Ce principe transcendant est l'universel.

Ce principe non-seulement est dans l'intelligence, mais encore agit sur la volonté.

Par la volonté l'esprit change les séries, cycles et harmoniques de l'objet multiple. M. Paul Janet, dans *les Causes finales*, a émis une opinion semblable..

Le changement est uniforme, parait-il, dans la nature. L'esprit pose un système multiforme d'alternatives qu'il détermine lui-même, mais il conçoit ce système sous le caractère de l'universel, car il produit successivement *toutes* ces alternatives s'il veut.

La pluralité est un passage de l'un à l'universalité. L'universalité est le principe transcendant. La liberté que la pluralité donne est donc un premier effet de ce principe.

La volonté suit le plaisir, l'intérêt ou le devoir. Le plaisir, la force et l'intérêt restent dans l'ordre de l'immanence. Le devoir seul vient de l'universel, il nait du principe transcendant. Le bien est l'universel puissance.

CIVILISATION.

Les mêmes idées s'appliquent à la civilisation. — *La civilisation est le développement harmonieux de toutes les puissances de l'humanité.*

Origine. C'est la force animale, d'où l'universalité est exclue. Sortir de l'animalité est donc sa première loi.

Facteurs. Les facteurs de la civilisation moderne sont celles qui l'ont précédée dans les siècles antérieurs. Nous avons ainsi : L'Egypte, l'Assyrie, l'Inde, la Chine, l'Amérique centrale, la Grèce et Rome.

Actuellement il y a dans l'humanité trois races prépondérantes : la race Touranienne, la race Sémitique et la race Aryenne. De là trois civilisations, souvent opposées. L'histoire étudie surtout les rapports de ces trois grandes races, de ces trois civilisations. La volonté, le sentiment, l'intelligence sont les facultés prédominantes qui les distinguent entre elles. La race Aryenne a pour principe le progrès par l'intelligence. « Que mon fils soit plus puissant que moi, » dit Hector dans l'Iliade. C'est le cri de la race Aryenne.

Pourtant ces trois civilisations ne doivent point rester rivales, mais contracter une alliance fraternelle, et s'emprunter ce qu'elles ont de mieux.

Tous les peuples d'ailleurs, même les plus barbares, et les plus sauvages, peuvent contribuer à la civilisation.

Les postulats de la civilisation. Ce sont les maux qu'elle a à combattre, et auxquels elle cherche remède.

L'ignorance, le pire peut-être. Elle est combattue par la science, l'enseignement, l'éducation. De cette matière, nous n'insisterons que sur un seul point, c'est que les langues littéraires, Grec, Latin, Anglais, Allemand, soient étudiées par la méthode comparative, ce qui donnera du temps pour étudier les mathématiques et les sciences exactes.

La misère. Elle est combattue par le travail et par la liberté. Mais ce n'est pas la liberté des insensés qui s'agitent dans la nuit, c'est la liberté dans la lumière. A mesure que l'activité s'élève, elle va de plus en plus vers la liberté. Ici est la distinction de la nécessité et de l'idéal. Toutefois nous ne donnons ces idées qu'avec la plus grande réserve, et seulement comme théoriques. Il y a souvent loin de la théorie à la pratique. La puissance pratique a son indépendance vis-à-vis de la théorie, et nous n'avons pas encore une opinion fixée sur ce point si délicat.

La guerre. Le plus grand des fléaux. Son remède serait la fédération des peuples ; mais c'est bien difficile.

L'esclavage. Il y a bien des esclavages déguisés ; le remède est l'esprit de la liberté. La spécialité trop étroite est un esclavage.

La paresse. Le genre humain est pauvre, il ne peut s'enrichir que par le travail. Ici reparait la distinction de la nécessité et de l'idéal ; on ne peut la contester à moins de renouveler les sophismes du sorite et du chauve. Nous croyons, et en cela nous nous trompons peut-être, que la nécessité est moins puissante que l'idéal.

La méthode. La méthode est la douceur opposée à la violence, c'est la discussion et le concours de tous. Si la vraie civilisation rencontrait pour serviteurs des héros, tels que Charlemagne, Pierre le Grand, Christophe Colomb, qui pourrait résister à ces hommes ? Notre étoile polaire, c'est l'idéal qui nous guide.

Les résultats. Nous pouvons nous rapprocher sans cesse de l'idéal. Nous ne pouvons probablement pas l'atteindre complétement. Croire cela serait l'utopie. Si les lois de la nature sont constantes, tout nous fait penser qu'il sera suffisamment réalisé. La terre s'affermit, les fléaux disparaissent de plus en plus, une longue série de siècles s'ouvre devant l'activité de l'homme.

L'intelligence humaine s'accroît sans cesse. Néanmoins si la force brutale devait l'emporter sur la terre, nous pouvons penser que parmi les millions d'astres dispersés dans l'espace, il en est où l'idéal est réalisé suffisamment.

Et si la création n'avait produit que quelque âmes supérieures telles que Socrate, Bouddha, le Christ, elle n'aurait point été vaine.

Que la civilisation donc triomphe. Qu'elle règne par sa puissance et surtout par ses bienfaits.

Suivent des réflexions détachées sur le progrès et la civilisation. Elles se résument il semble, dans celle-ci :

La civilisation est un soulèvement. Comme le continent soulevé au-dessus des mers, a des plaines, des coteaux, des collines, des plateaux, des montagnes, de même la vie morale que la civilisation crée a ses inégalités, mais de plus en plus elle soulève l'humanité hors de l'océan de la misère, de l'ignorance, de la guerre et de l'esclavage, et peut-être l'humanité entière pourra-t-elle être ainsi soulevée.

Puis viennent des considérations sur les expositions universelles et la vie internationale, et une nouvelle exhortation à l'alliance de toutes les forces vives de l'humanité, de toutes les puissances sociales. Nous finissons ainsi à peu près par où nous avions commencé.

A présent, on a une idée suffisante de notre travail. Dans les publications qui suivront nous donneront les explications convenables, nous indiquerons les sources où nous avons puisé.

Nous ne nous arrêtons pas aux considérations politiques, religieuses, métaphysiques. Ce n'est pas que nous n'y pensions souvent, mais nous n'avons pu trouver à ce sujet des principes qui unissent tous les esprits sérieux dans une même conviction. Les convictions individuelles doivent être respectées ; mais il s'agit de la science, bien commun, et identique pour tous.

Qu'on efface, si l'on veut ce que nous avons dit de la civilisation, ce qui revient à nier la puissance du principe transcendant dans l'activité sociale, le reste, sauf les détails, nous paraît peu contestable.

La méthode que nous exposons, fondée sur le principe de contradiction d'Aristote, entendu au sens dynamique, ayant pour appui la méthode de division de Platon, le calcul infinitésimal de Leibnitz, l'induction de Bacon, les imaginaires d'Argand et de Cauchy, les substitutions de Galois, les conceptions géométriques de M. Vallès de Neumann, et de Riemann, les conceptions mécaniques de Stamm, de Peaucellier, de M. Reuleaux, les systèmes de Boole et de M. Stanley Jevons, nous paraît à l'abri d'attaques sérieuses, et vraiment solide du moins dans son ensemble. Mais ce n'est là pour ainsi dire qu'un commencement, qui demande encore de longues recherches.

D'un côté, la langue logique universelle se présente à nous ; mais en supposant qu'on y réussit, elle demande peut-être encore plusieurs années de travail.

Nous entrevoyons une méthode d'intégration ; il vaut mieux la livrer aux mathématiciens, en leur recommandant toutefois d'étudier la logique.

Nous n'abordons pas la métaphysique. Si, dans ces limites, nous avons trouvé la vérité, il est permis non de nous enorgueillir, mais de nous en réjouir sincèrement. Les esprits portés vers ces études ne tarderont pas à parcourir les nouvelles voies ouvertes à la pensée.

Déjà de toutes parts s'élève un vaste mouvement de pensées et de recherches qui annonce une prochaine transformation de la logique.

Grâce au concours de tant d'esprits éminents, de nouveaux trésors viendront enrichir la science et accroître le domaine de cette noble puissance qui se nomme la philosophie.

www.ingramcontent.com/pod-product-compliance
Lightning Source LLC
LaVergne TN
LVHW050649090426
835512LV00007B/1103